El sujeto existente mujer

Libro 1: Sujeto mujer

Anna Arnaiz Kompanietz

Blog «Comprendiendo la condición sexual humana»:
http://anna-arnaiz-kompanietz.blogspot.com.es/

Portada: «Mujer reinventando el mundo»,
técnica mixta de María Luisa González Gutiérrez
http://pinturademarialuisa.blogspot.com.es/

Foto del cuadro: Rosario García Casas

Índice general

A todas las mujeres y a los hombres que aman a las mujeres.

Agradecimientos:

Quisiera dar las gracias a las personas que, de una o de otra manera, han contribuido a la elaboración de este libro.

A Rafael Nieto Carlier, que me ha ayudado y me ha apoyado siempre, y que ha revisado el texto y maquetado con mimo este libro.

Le doy las gracias a mi amiga, María Luisa González Gutiérrez por el cuadro que ha pintado pensando en el libro.

También le agradezco a Rosario García Casas la foto que ha hecho del cuadro y que aparece en la portada.

Asimismo, quisiera dar las gracias a mis pacientes, que me han enseñado tanto.

Los progresos de la razón son lentos, las raíces de los prejuicios, profundas.

VOLTAIRE

La manera de hacer es ser.

LAO-TSÉ

Si yo no soy para mí mismo, ¿quién será para mí?
Si yo soy para mí solamente, ¿quién soy yo?
Y si no ahora, ¿cuándo?

REFRANES DEL TALMUD MISNAH ABAT

Introducción

Este libro es el primero de una serie de libros que versarán sobre la mujer, sobre el sujeto existente mujer, sexuado y sexual, corpóreo y real. El propósito es ambicioso y atrevido porque vamos a hablar del sujeto existente mujer desde el mirar femenino, buscando nuevas significaciones de *ser* mujer, que nos permitan caminar más libres y plenas por la vida, con el orgullo de *ser* mujeres. Construir nuestros significados, comprensibles para los dos sexos, posibilitará a las mujeres ser sujetos de discurso propio, poseer palabras para decir, susurrar, gritar..., y grabarlas en nuestra moldeante carnalidad pensante y sintiente. Porque ¿puede existir un significado sin la definición correspondiente ni una interpretación conceptual que lo refrende, sin una palabra que lo represente? ¿Cómo un sujeto puede comunicar aquello que quiere decir y tener un discurso a propósito sin nombrarlo? Se pueden ignorar ciertas cosas, pero no por eso desaparecen, aunque invisibles o no nombradas, existen y causan sus efectos.

La tarea de buscar nuevas significaciones es sustancial y trascendente, puesto que los significados ordenan y clasifican nuestro mundo simbólico, aportan sentido, demarcan nuestra experiencia de vivir... Lo que se nombra y lo que se ignora crea un marco referencial en el cual la interpretación se vuelve posible. Las formas de clasificación son formas de dominación apenas perceptible, ejercen su acción persistentemente. Las personas nacemos y morimos en las significaciones que manejamos en cada instante vivido. Por tanto, la transformación es posible. Las cosas que nos suceden no son algo irremediable.

Las mujeres nacemos y nos hacemos como tales en una sociedad dada, en relación continuada con otros sexuados y sexuales. Todas las personas estamos inmersas en un devenir histórico de significados y sentido en el ser, que internalizamos al socializarnos desde que nacemos, desde que empezamos a nombrar lo que vemos para ordenar nuestro mundo y poder relacionarnos con otros. El sujeto mujer es un sujeto corpóreo, sexuado y sexual, en el proceso de vivir su personal historia; es la conciencia vivencial hecha verbo femenino, hecha palabra viva; es un sujeto social e histórico. Lo social se interioriza, se muta en palabra, en narración existente, en carne sexuada y sexual real viviendo su tiempo. El peso de siglos de historia con su cultura ejerce su acción ordenando nuestro pensar, sentir, valorar y proceder. Lo hace desde el exterior y desde el interior de nosotras mismas. Las fronteras de nuestra prisión están también en nosotras mismas y son más eficaces y nocivas que las externas.

Nuestras creencias a propósito de lo que somos las mujeres y de lo que debemos ser determinan nuestra experiencia de vida. Si cambiamos nuestras creencias, nuestra experiencia se modificará, nos vivenciaremos y nos comportaremos de distinta manera en constante comunicación con otros. La posibilidad de elegir y de trascender lo dado está en nosotras. Podemos construir un orden de cosas diferente desde la reflexión y el cuestionamiento, un orden más justo y digno humanamente. Crear una realidad existencial diferente es laborioso, requiere persistencia y perseverancia en el propósito creativo, un compromiso con lo soñado e imaginado como posible, y una tozuda rebelión frente a lo dado. ¿Qué pasaría si las mujeres no consintiéramos la insolidaridad con nosotras en la existencia cotidiana ni las muestras de falta de respeto por parte de otros?

Las mujeres nos desenvolvemos en una constante contradicción entre la supuesta igualdad entre los sexos y la desigualdad real. La diferencia sexual, la diferencia de los dos sexos, asume muchos significados, y no deja de ser un significante que estructura a los sujetos de ambos sexos; hace que nazcan sus sueños y sus miedos, mutila sus posibilidades de ser plenos en su sexuada carnalidad, acota su caminar sexual... Cabe afirmar que históricamente hemos aceptado como norma, más que la diferencia sexual, una velada indiferencia sexual; nos hemos regido en cierto modo por un paradigma de sexo único —el masculino—, lo cual ha desembocado en la ignorancia de la infinita hondura del sexo femenino.

La condición sexuada y sexual de la mujer transita todo nuestro ser y toda nuestra viva carnalidad. Es un valor, un inconmensurable tesoro a descubrir en su verdad, bondad y belleza. La comprensión de lo que es ser mujer se empareja con la determinación de ser, es ontológica. Cuanto más conscientes seamos de nuestra honda condición sexual, cuanto más nos valoremos y nos comprendamos desde la raíz de nuestra carnalidad, más libres seremos, más fuertes y seguras caminaremos en la hazaña vital, bien erguidas y con la mirada lúcida, orgullosas de *ser*, de ser mujeres. De una vez por todas, las mujeres tenemos que tomar consciencia de lo que somos, centrarnos en nosotras y combatir el vacío de los sistemas femeninos de representación, porque la experiencia femenina de vida en el orden patriarcal acusa una sorda dificultad de autosignificación.

El proceso de convertirse las mujeres en sujetos plenos está dificultado por el desequilibrio valorativo entre los sexos, inscrito en el orden simbólico, y también por la realidad social que nos afecta. Solo un posicionamiento consciente, decidido y continuado en el tiempo frente al «natural» devenir de los acontecimientos puede romper ese maleficio relacional entre los sujetos mujer y hombre, que los ubica en una desigualdad existencial injusta.

El sujeto mujer tiene el mismo derecho de llegar a *ser* que el sujeto hombre. Y se llega a ser sujeto comprendiéndose, considerándose y conduciéndose como tal. ¿Qué pasaría si las mujeres dejáramos de colaborar en nuestra sostenida reducción como sujetos existentes? Es el momento de quitarnos el enajenante velo de los ojos y tomarnos muy en serio, con todo el derecho a nuestro propio desarrollo y a una vida digna, en igualdad real de oportunidades. La consciencia en el ser mujer es la ruptura del automatismo conformista con lo que hay. Ser consciente en el vivir es un modo de sujeto.

Las mujeres somos sujetos, cuerpos-palabra sexuados y sexuales dueños de nuestro decir y de nuestro actuar, de nuestra palabra y de nuestro cuerpo. Somos una viva libertad en el proceso de llegar a crearse, y esa libertad nace en la capacidad de modificación de sí. El proceso de desarrollo de un sujeto es esencialmente un proceso interior, ocurre en nosotras mismas. Cómo nos vivenciamos y cómo nos conducimos en relación con otros nos va constituyendo como individuos, escribe nuestra historia. Conscientes o no, creamos nuestros patrones de estar en el mundo y podemos cambiarlos, si así lo decidimos; de nosotras depende. Lo que sentimos, pensamos, deseamos, decidimos y hacemos nos va creando como personas, cuerpos-palabra existentes.

Construirnos como sujetos mujeres es el gran tema de la libertad de *ser*, de la autonomía en el latir y narrar nuestra propia historia ocupando el centro del relato, de la vida de cada una, perfectas en nuestra supuesta imperfección corpórea. Las mujeres tendríamos que reflexionar sobre la manera que tenemos de comportarnos en relación con otros y sobre las formas que tenemos de ganarnos su afecto y/o amor. Es hora de desmontar la misoginia internalizada en nuestro proceso de educación. El hábito de razonar en nuestra existencia de día a día se entrelaza con la libertad interior. Al razonar creamos.

Para cambiar lo que se desee cambiar hay que darse cuenta; la ignorancia no es buena consejera en el caminar existencial, la inconsciencia tampoco. La enajenación en el ser mujer es crucial para sustentar el orden patriarcal. La mujer enajenada tiene que creer en su insuficiencia, en su inferioridad con respecto al varón; tiene que asumir sus secundarios papeles, querer ser querida y deseada, y no pretender desarrollarse plenamente como sujeto existente mujer. La enajenación en el ser mujer nos conduce a la frustración de la vida que somos, niega la soberanía femenina en su narración biográfica. Merece la pena emplear el tiempo que se necesite para transformar la alienación en lucidez, en claridad de pensamiento, que nutrirán acciones con sentido y propósito fortalecedor en el ser cuerpo-palabra mujer, en llegar a *ser* en plenitud existencial.

A las mujeres se nos enseña a renunciar incluso a nosotras mismas. En nuestro proceso de socialización, internalizamos que para ser es preciso dejar de ser. Así, la enajenación en el ser mujer se conjuga con ser sobre todo para otros, y ser para otros implica también ser cuerpo para otros. La irracional aceptación de que nuestro cuerpo-palabra no nos pertenece es un elemento clave de la sujeción de la mujer en una sociedad patriarcal. También lo es la gestión de la sexualidad femenina y de la reproducción. La opresión de lo «femenino» y de las mujeres van de la mano, se unen en una trampa de subyugación.

De esa manera, las mujeres se disocian de su discurso, lo cual favorece la invisibilidad social de la mujer. También se disocian del cuerpo-palabra existente que son. Su mirada se dirige a los otros, su sentido de valía depende de ellos. Poco a poco, ser para otros se convierte en el modo de la mujer de manifestar que existe. La mujer se disocia en su hondura carnal existente, se autoanula olvidándose de sí misma, de sus necesidades como sujeto y de sus deseos. El centrar la atención de la mujer en los afectos y en las relaciones es un eficaz regulador estratégico de la biografía femenina. La mujer disociada de sí misma se vuelve ilimitada. Descubrir qué vida desea llevar no se plantea como un objetivo a conseguir. ¿Cuál es su sagrada tarea? Cuidar de otros, está claro. Su tiempo no le pertenece a ella. ¿Cuándo aprenderemos las mujeres a cuidarnos a nosotras mismas como si fuésemos lo más valioso para nosotras, lo más valioso que tenemos?

A la mujer se la controla con su propio consentimiento inconsciente. Es hora de cuestionar las verdades aprendidas y desechar las certezas al respecto de lo que significa ser mujer, aunque esta tarea sea larga y dolorosa. La transformación de las clasificaciones es fundamental para poder ser visibles socialmente sin tener que servir a otro sexo o subordinarse a su narración existente. La fuerza simbólica se ejerce directamente sobre los cuerpos sexuales. De nosotras depende crear nuevos significados y cambiar de creencias y de actitud existencial. Es trabajo nuestro. Nosotras decidiremos cómo tenemos que ser las mujeres.

Para ser sujetos sexuales en igualdad de valor tenemos que cambiar también nosotras. Así facilitaremos el cambio de los otros, sean del sexo que sean. Esta es nuestra gran tarea: cambiar comprendiéndonos, respetándonos, aceptándonos en nuestra real y palpitante «imperfección» carnal. La consciencia es un poderoso resorte para la transformación en el existir carnal. Y todo cambio que logremos en nosotras mismas es una generosa ofrenda a nuestro entorno, a la sociedad, al mundo entero, porque formamos parte de una vibrante red relacional, constantemente mudable, susceptible de mejorar o de empeorar tras nuestra intervención. Todo comportamiento manifiesta verdades instauradas o no en la sociedad. ¡Que nuestro comportamiento no trivialice lo femenino, que no sea misógino, que sea soberano! Poco a poco, los profundos cambios en nosotras mismas podrán desembocar en un cambio en las relaciones sociales colectivas, en una transformación del mundo con nuevos valores. Las mujeres podemos contribuir a que suceda algo hermoso en este maltratado mundo nuestro y crear una realidad fundamentada en la bondad, verdad y belleza. Podemos contribuir a crear un entorno relacional basado en interacciones dignas y justas con los demás. Las mujeres tenemos que comenzar por pensar, cuestionar y crear estructuras mediadoras de la existencia libre de las mujeres. ¡Soñemos un mundo mejor, convirtamos el sueño en un propósito a realizar, seamos sujetos de nuestro discurso, también del discurso social, no solo del personal!

Quizás esté llegando el tiempo en que las mujeres seamos sujetos sexuales de pleno derecho, que reinvindiquemos y valoremos nuestra condición sexuada y sexual, que respetemos el cuerpo real que somos, su expresiva sexualidad, su particular desear e interactuar con otros de igual a igual, y que jamás dejemos de hacerlo, a pesar de todos los impedimentos, a pesar de haber sido mal educadas para *ser*. ¡Transformemos nuestra realidad transformándonos a nosotras mismas como sujetos existentes!

La autoafirmación de la mujer empieza en el acto de ejercer la consciencia. La autoconsciencia de la mujer es una gran revolución del sentido de la realidad, posibilita la búsqueda de las palabras no dichas en la experiencia de vida de las mujeres. De esa manera, aprendemos a relacionarnos de forma auténtica con nosotras mismas y decimos «sí» a una nueva concepción de una misma. El vivir consciente se asocia con el aprendizaje del profundo autocuidado de sí misma como sujeto existente integral. Seamos como seamos, cada una de nosotras es una irrepetible melodía capaz de crear, de crear seres, cosas y mundos; capaz de transformar la realidad.

La mujer consciente procura conocerse y superar sus propias limitaciones, su miedo a *ser*. Su desarrollo personal es su responsabilidad y su tarea; y esa tarea consiste en seguir realizando dicha tarea. Nos vamos creando en nuestras experiencias del día a día. El proceso de actividad en sí es lo importante. Cada «algo más» se sigue por otros. Lo que una mujer hace es importante para ella misma y para los demás. La experiencia de la actividad en el instante vivenciado, aquí y ahora existencial, puede traducirse en una infinidad de momentos privilegiados de creación. Por eso el éxito de la tarea de llegar a *ser* es seguir haciendo la tarea. Estás creando, estás dejando huella con tus acciones u omisiones; ¡eres importante!

La vida propia es un asunto personal e intransferible; es el asunto más importante que nos atañe e implica; es nuestra creación más difícil, sublime y trascendente. Nuestra vida nos pertenece. Nadie va a vivirla por nosotras. Así que el primer compromiso que tiene cada una de las mujeres es consigo misma. La mujer tiene que aprender a ser para sí sin abandonar a otros. Es necesario que las mujeres nos responsabilicemos de nosotras mismas, de cuidarnos a modo de mejor amiga. Es necesario que nos atrevamos a *ser*. Podemos mutar el tiempo en una continuidad de instantes de creación milagrosa. El tiempo que tenemos es nuestro, es importante, es sagrado.

El tiempo sagrado es el de la consciencia en el ser, el de la certeza de una misma en el momento vivido, el de la aparición del sentido en el *ser* mujer. Recuperar el sentido de nosotras mismas se entreteje con recuperar nuestro tiempo. Nuestro fin más sagrado es completar nuestro desarrollo como sujeto existente pleno. Tenemos que cambiar para volar más libres. Comprender, comprenderse, conocer, conocerse conllevan un gran placer existencial en el vivir a gusto en la propia piel. Merece la pena emplear nuestro tiempo en conseguirlo.

Cada una de las mujeres es única e irrepetible, y su experiencia de vida es una inapreciable narración abierta. La consciencia de ser mujer se entrelaza con la consciencia de una libertad existente. De nosotras depende el camino que andemos. Tenemos que decidir con propiedad, siendo conscientes de lo que realmente queremos.

La mujer consciente desea ser ella misma, es su deseo más sagrado, desea estar a gusto en su real piel y desea un buen trato por parte de los otros, que la reconozcan en su «imperfecta» concreción y que la acepten tal como es. El cuerpo que es no pertenece a otros. Ella decide. Ella dispone de sí misma. Sabe que su autonomía en el vivir pasa por una consciente apropiación del cuerpo que es.

La mujer consciente no renuncia a sí misma por ganarse a los otros. Tiene presente sus deseos y necesidades en cada etapa de la vida. La mujer consciente elige ser sujeto de sus deseos y de sus acciones. Sabe que nuestras elecciones van trazando nuestro caminar vital y determinan nuestra existencia. La mujer consciente procura elegir bien las relaciones y las experiencias que quiere vivir. La creación de su existencia se convierte en un hábito en su vivir. Un nuevo sentido en el *ser* se instala en el cuerpo-palabra que es.

La mujer integral descubre que el gran placer existencial es comprender y vivir a gusto, con sentido. Aprende a amar la vida que somos, a amarse y a respetarse a sí misma profundamente. El amor que siente la devuelve a su *ser*. Poco a poco aprende a gestionar de la mejor manera la integridad existente que es, un canto de viva libertad narrando su propia historia en continua relación con otros.

Todas esas cuestiones y más impregnan las páginas de este libro, que nace de la rebelión profunda contra la reducción y el apocamiento opresivo de la mujer. A veces parece que las ideas se repiten en él, pero se van contemplando desde distintas coordenadas, ampliando la red de conexiones interpretativas. El libro se subdivide en tres partes: «El sujeto mujer», «La consciencia de ser mujer *versus* enajenación» y «Susurros al viento». Esta última parte es una especie de resumen susurrante de las dos primeras, un modo diferente de decir las cosas. Espero que la lectura de este libro sobre el sujeto mujer sea un próspero viaje intelectual, útil en la búsqueda de comprensión de lo que somos.

El sujeto mujer

Transformarnos en sujetos es convertir esa vida irremediable en acciones libres.

Marcela Lagarde y de los Ríos
Para mis socias de la vida

i. El sujeto mujer vaciado de su significación

Partamos del significado de sujeto. ¿Cuál es? Según el Diccionario de la Lengua de la Real Academia Española, el sujeto es espíritu humano, considerado en oposición al mundo externo, en cualquiera de las relaciones de sensibilidad o de conocimiento, y también en oposición a sí mismo como término de conciencia[1]. ¿Espíritu humano? ¿Queda claro ese concepto? Creo que esta definición puede contribuir a caricaturizar al sujeto humano, dirigirnos a una significación vaciante del sujeto como tal, a su asexuación y descorporización. Quizás, para entendernos, sería más apropiado hablar del sujeto como un individuo, un individuo existente, corpóreo, sexuado y sexual —una conciencia hecha carne sexuada real en su proceso de llegar a *ser*.

Por tanto, el sujeto mujer es la conciencia vivencial hecha verbo femenino, hecha palabra viva tanto en su decir como en su callar, un cuerpo existente sexuado —mujer real— en el proceso de vivir día a día y de convivir con otros en sociedad, sociedad con

---

[1] Diccionario de la Lengua Española de la Real Academia Española, Vigésima segunda edición, 2001.

su orden, reglas y mandatos, con su historia. El sujeto mujer es un sujeto social e histórico. Una vez que llega al mundo, vive en él, es envuelto por él, bebe de sus significados[2]. Lo social se interioriza, se muta en palabra, en narración existente, carne sexuada y sexual existente viviendo su tiempo.

El sujeto existente mujer percibe su espacio-tiempo, su entorno, y lo dota de significados, lo interpreta para poder desenvolverse en él. Tiene que vivir y sobrevivir en un mundo dado, aprender a manejarse en él sin demasiado dolor. Esos significados los adquiere en su formación como sujeto, en su educación social; no son *sus* significados, son los de otros. Solo con el tiempo y desde una cierta madurez reflexiva, la mujer se vuelve capaz de enfrentarse a los significados de otros y posicionarse frente a ellos como sujeto de discurso propio y personal, construir *sus* significados, coincidentes o no con los de los otros.

No cabe duda, los significados ordenan y clasifican, separan, juntan y relacionan, aportan sentido, demarcan la experiencia de vivir. La sociología del conocimiento es inseparable de una sociología del reconocimiento y del desconocimiento[3]. Lo que se reconoce y lo que se ignora conforman un espacio lleno de significados, lleno de palabras dichas y palabras indecibles por no tener significado, por no existir, por no tener cabida en él. Lo que se nombra y lo que se ignora crea un marco referencial en el cual la interpretación es posible, y los sujetos se desenvuelven en su existencia. Ese marco contribuye a construir una realidad con sentido determinado, que podría ser otra partiendo de unas premisas diferentes. Y una vez que los sujetos se incluyen en él, forman parte de esa realidad y no de otra. Las formas de clasificación son formas de dominación, de la dominación simbólica, porque cuando uno cree

---

[2] «Lo que decimos es más bien lo contrario: no que la realidad se le ofrezca al hombre subjetivamente sólo, en su interior, como si él la abrazara y aun constituyera, sino que es el sujeto quien se alberga dentro de la realidad, en el interior de ella y es por ella rebasado, por ella envuelto. Por ella rodeado y cercado. Mas en modo singular». María Zambrano: *Los sueños y el tiempo*, Madrid, Ed. Siruela, 1992, p. 11.

[3] Bourdieu, Pierre: *Cosas dichas*, Barcelona, Ed. Gedisa, 1996, p. 35.

algo suele comportarse como si eso que cree fuese verdad, parte de tenerlo interiorizado y se conduce teniéndolo en cuenta, más allá de que sea cierto o no, de si ha ocurrido u ocurre de veras o no.

Lo social aprendido ejerce su poder sobre el sujeto existente mujer, se inscribe en su cuerpo-palabra vivo transformándose en esquemas de percepción, de valoración y de maneras de conducirse en relación con otros. A partir de ese momento, la mujer los confirma y refuerza en su vivir día a día. No es una creación externa o acabada y autolimitada, es una construcción activa y persistente, puesto que ejerce su dominación minuto a minuto vivido, moldea al sujeto existente en su tiempo vivencial y lo hace de un modo apenas perceptible, inconsciente, ajeno a la voluntad consciente de la mujer[4]. La realidad existente tiende a perpetuarse, a seguir su latente continuidad, aunque el sujeto pueda rebelarse frente a lo dado y decidir cambiarlo. A menudo el individuo tiene que partir de un «darse cuenta de», de una visión consciente de un sujeto que sueña con su autonomía y libertad, con llegar a *ser*.

Así se podría afirmar que la consciencia, ser consciente en el vivir, es el modo de sujeto. De hecho, se llega a ser sujeto real comprendiéndose, considerándose y conduciéndose como tal[5]. El modo de ser sujeto mujer es ser consciente de que se es sujeto, es comprenderse y actuar como tal, pese a lo que les pese a otros, en acuerdo y colaboración con esos otros, o en su contra. Tampoco esa ayuda o impedimento es determinante de nada. Lo que hacen los otros es la historia de otros, no es la historia de la mujer sujeto, aunque, es evidente que participan en ella y son importantes, pe-

---

[4] «Y descubrir claramente de ese modo que esta construcción práctica, lejos de ser un acto intelectual consciente, libre y deliberado de un "sujeto" aislado, es en sí mismo el efecto de un poder, inscrito de manera duradera en el cuerpo de los dominados bajo la forma de esquemas de percepción y de inclinaciones (a admirar, a respetar, a amar, etc.) que hacen sensibles a algunas manifestaciones simbólicas del poder». Bourdieu, Pierre: *La dominación masculina*, Barcelona, Ed. Anagrama, 2000, pp. 56-57.

[5] «La comprensión del ser es ella misma una "determinación de ser" del "ser ahí". Lo ónticamente señalado del "ser ahí" reside en que éste es ontológico». Heidegger, Martin: *El Ser y el Tiempo*, Barcelona, Ed. RBA, 2002, p. 20.

ro no deberían convertirse en absolutamente determinantes para narrar la historia de la mujer, *su* historia.

La mujer es sujeto equivalente al sujeto hombre, no es ni menos ni más en su valor como sujeto. El comprenderlo y vivir desde esta premisa es el modo de sujeto —lo crea, lo reafirma en su realidad existente y, al reafirmarlo, lo refuerza—. Es primordial porque, no olvidemos que aunque en teoría todos somos sujetos, en la práctica, en la realidad existente, no todos llegamos a ser sujetos, dueños de nuestras decisiones y actos.

Vivimos en un orden social patriarcal, más o menos acentuado, cuya visión del mundo es androcéntrica. En ese marco referencial, las mujeres no son consideradas sujetos de igual valor que sus compañeros de viaje existencial —los hombres—. Su proceso de llegar a convertirse en sujetos plenos está dificultado por la realidad en la que viven inmersas, y que las afecta y compromete. Todo se impregna de ese desequilibrio valorativo desde el orden simbólico: lenguaje verbal y no verbal, maneras de comportarse, hábitos, tareas, deberes y ocupaciones de su tiempo, incluso los deseos, sueños, intenciones, valores, ética y estética en el vivir; lo cual es un gran perjuicio en la existencia del sujeto mujer. Sin embargo, el sujeto mujer tiene el mismo derecho a llegar a *ser* que el sujeto hombre, y eso lo debemos repetir alto y claro tanto las mujeres como los hombres todas las veces que sean necesarias para que sea realmente así en nuestra convivencia día a día. No es una cuestión baladí: nos va nuestra existencia real en ello.

Por contra, en el orden patriarcal, la mujer es considerada sujeto supeditado en gran parte a otros. Es sujeto sobre todo en cuanto madre, esposa, amante, hermana, hija. Son las relaciones que la vuelven visible para otros en algunas sociedades, y eso ocurre todavía hoy. El principio de la inferioridad del sexo femenino oscurece la existencia cotidiana de las mujeres, obstaculiza su proceso de llegar a ser sujetos plenos en su vivir junto a otros. Demasiado a menudo, su sentido se constituye al margen de ellas, en el olvido de sí mismas como sujeto y eso no debería de suceder en un orden justo de existencia.

En las sociedades de visión androcéntrica, el sujeto mujer está difuminado en su significación como sujeto con derecho a percibirse y vivirse como tal, con derecho a su personalidad definida desde sí misma, a sus deseos y sus intenciones, a un tiempo y espacio propios y no ocupados por otros. Los otros no deberían ser más importantes para nosotras que nuestra propia narración de vida; sin embargo lo son. Los otros y su existencia se convierten en la centralidad de nuestro discurso vital. Nosotras mismas ocupamos el segundo plano. Las mujeres tendemos de manera natural a priorizar sus necesidades y deseos a los nuestros, aunque eso no suceda siempre y para todas[6]. Los otros importantes son colocados por nosotras en el centro de nuestra existencia, desplazando nuestra propia experiencia de vida como una individualidad concreta en el proceso de *ser*. Nos convertimos voluntaria e imperceptiblemente en seres subordinados a otros seres, nos desdibujamos como sujetos existentes con su propia historia vital y sentido en el *ser*[7].

Nuestra narración existente pasa a ser algo secundario incluso para nosotras mismas. Y difícilmente podremos cambiarlo sin darnos cuenta de esto. Las mujeres nos hemos convertido en resignadas colaboradoras en la perpetuación de un orden existencial que nos vacía de nuestra significación como sujetos de igual derecho a *ser* que otros. Para dejar de ser las facilitadoras de nuestra propia perdición, de nuestro olvido en el ser real, tenemos que recordar siempre que somos sujetos, personas completas, sexuadas y sexuales, mujeres reales y no genéricas, sumergidas en el anonimato de lo abstracto asexuado, de lo simbólico sin cuerpo existente. Tenemos que recordar y actuar como sujetos, como lo que somos.

---

[6] «Bien por la ignorancia del sentido real de la autodeterminación o bien por el hechizo mágico constituido por querer ser queridas, las mujeres solemos malinterpretar u olvidar que nuestro deseo más profundo es el de tener la plena soberanía sobre nuestra propia vida, el derecho y la responsabilidad de actuar con libre albedrío, ser los Sujetos de nuestros propios deseos». Young-Eisendrath, Polly: *La mujer y el deseo*, Barcelona, Ed. Kairós, 2000, p. 44.

[7] Lagarde y de los Ríos, Marcela: *Para mis socias de la vida*, Madrid, Ed. Horas y horas, 2005, p. 373.

Las mujeres tenemos que posicionarnos como sujetos, dueños de nuestra historia, de nuestra palabra viva, a pesar de que todo sujeto siempre es para otros, de que su significación se impregna de la significación que le adjudican los otros con los que se relaciona y con los que convive en un orden social dado. Cambiar esa significación es muy difícil porque una vez que vivimos en un orden dado, ese nos incluye, nos compromete, y tendemos a reproducir y confirmar sus premisas sin percibirlo. Nos integramos y nos movemos en ese orden, no en otro. Crear una realidad existencial diferente es laborioso, requiere persistencia y perseverancia en el propósito creativo, un compromiso con lo soñado e imaginado como posible, y una tozuda rebelión frente a lo dado.

El sujeto mujer experimenta verdaderos obstáculos para autoasignarse como tal en un orden patriarcal, para la disposición de sí, del cuerpo-palabra real que es. Sufre una persistente pobreza simbólica para nombrar y narrarse; su cuerpo-palabra ni siquiera parece que pertenezca a *su* mirar. Los significados, con su carga valorativa, se le imponen desde fuera. Se desmenuza al sujeto mujer en partes, se la reduce a sus pechos, a sus piernas, a sus caderas, a sus genitales... Las partes la sustituyen como sujeto real en una comparación valorativa de cachos y fracciones con los de un ideal inexistente en la realidad, pero penosamente más real y valorado que ese sujeto mujer vaciado de su significación, ese sujeto mujer de al lado con su esperanza de ser reconocida, de ser apreciada, de *ser* junto a otros. Se la condena a una continuada abstracción desvitalizante.

Sin embargo, ese ignorado sujeto mujer es creador potencial de lo que le rodea. Puede intervenir activamente en la construcción del mundo y, de hecho, siempre lo hace, aunque no sea consciente de ello. Puede volverse una sierva callada, resignada al sitio que se le asigne, o puede posicionarse en el mundo desde su irreductible libertad y deseo de *ser*, desde su condición de sujeto de su vida, de su palabra biográfica con la centralidad desde ella misma. La mujer tiene derecho a *ser* como cualquier otro sujeto. Ya sabemos que es difícil y trabajoso, puesto que somos sujetos hablantes de un discurso que nos ha convertido en objetos de otros sujetos, pero no es imposible. Podemos crear con ayuda de otros o sin ella. Somos sujetos de nuestro habla existencial, podemos trascender la miseria simbólica que nos condena a no decir o a decir por boca de otros, nos conduce a ser una corporalidad frustrada, vaciada de su significación propia, el lugar de una ausencia.

La conformidad con lo dado, con lo genérico es un instrumento muy poderoso para perpetuar la realidad social imperante. Nos educan y nos socializan en aceptar lo establecido, lo dicho y lo narrado. Las mujeres nos acostumbramos a tender a parecernos a las musas de los hombres, a imitar a aquellas deseadas y valoradas en nuestras sociedades, a aparentar y no ser, a convertirnos en una apariencia real, a transmutarnos en símbolos del poder masculino[8]. Los sistemas masculinos de representación vacían a la mujer de su significación de sujeto, la desapropian de su relación consigo misma y con las demás mujeres, la bloquean en *su* disposición de sí.

Las mujeres, en el olvido de su condición de sujetos, se mutan en un producto del soñar del sujeto hombre, se consideran satisfechas y triunfadoras si logran atraerle y retenerle a su lado, a pesar de que, a menudo, el precio sea demasiado alto. Así, lo «femenino», que nos compromete en el ser, no es definido desde el sujeto mujer, sino desde el sujeto hombre, para su supuesto beneficio y uso; y eso perpetúa una determinada relación entre los sexos, basada en su desigualdad valorativa. El cuerpo-palabra que es el sujeto mujer acusa su desapropiación, es excluido y se excluye de su cualidad de sujeto de discurso propio. Entonces, la mujer deja que se la nombre y se la califique, se contenta en recrear la mirada ajena e influir en otros que actúan. De esta sutil manera, el sujeto mujer se abandona en el juicio imperante en la sociedad en que convi-

---

[8] «La mujer se pierde en la mascarada de la feminidad, y se pierde a fuerza de representarla. Lo que no impide que ello le exija un trabajo cuyo precio ella no cobra. Salvo que su placer se limite a ser elegida como objeto de consumo o de codicia por parte de "sujetos" masculinos. Y además, ¿se puede hacer otra cosa sin quedarse "fuera del mercado"?» Irigaray, Luce: *Ese sexo que no es uno*, Madrid, Akal, 2009, p. 62.

ve con otros y que la desvaloriza como sujeto de pleno derecho. La mujer confirma ese juicio actuando según las reglas sociales en uso, aceptando sus limitadores mandatos. No se toma en serio como sujeto de discurso propio. La mujer vive y sobrevive lo mejor que puede en el espacio que le dejan, se adapta, se conforma.

El cuerpo-palabra femenino, desprendido de su infinita hondura carnal, es transformado en apariencia, en objeto de transacción, de uso y disfrute, de valor de cambio en un sistema de intercambios simbólicos y de bienes económicos, sociales y culturales de un orden androcentrista. El sentido de ser del sujeto mujer se constituye al margen de ella misma, en su olvido y exclusión narrativa[9]. En consecuencia, la relación de dependencia del cuerpo-palabra femenino respecto a los demás tiende a convertirse en constitutiva de su ser. El sujeto mujer enmudece en su papel de obediente a los mandatos de otros, en su ignorancia de sí misma. Y si no hay autonomía no hay individualidad posible, y los sujetos se pierden en lo genérico común, se despersonalizan, se vacían de su significación, se callan inmersos en un silencio mortecino. Nos adaptamos a lo que se espera de nosotras y aprendemos a soñar con los sueños de otros, a ser para otros.

No obstante, somos sujetos, cuerpos-palabra sexuados y sexuales dueños de nuestro decir y de nuestro actuar, de nuestra palabra y de nuestro cuerpo. Somos una viva libertad en el proceso de llegar a crearse. ¿Quién es dueño de nuestro cuerpo y de nuestra palabra? Somos nosotras, solo nosotras y nadie más que nosotras. Démosle valor a ser mujeres sujetos, a aprehenderlo, interiorizarlo y confirmarlo en cada latido existente nuestro, en cada mirar de igual a igual con otros, en cada pálpito de deseo. ¡No lo olvidemos nunca: somos dueñas de nuestra palabra y de nuestro cuerpo! Así de claro y rotundo. De esto tenemos que partir.

---

[9] «Las mujeres son negadas en cuanto que sujetos del intercambio y de la alianza que se establecen a través de ellas, reduciéndolas sin embargo al estado de objetos o, mejor aún, de instrumentos simbólicos de la política masculina». Bourdieu, Pierre: *La dominación masculina*, Barcelona, Anagrama, 2000, p. 60.

2. El sujeto-objeto mujer

El sujeto mujer es el cuerpo-palabra sexuado y sexual que habla incluso cuando está callado. Es la conciencia hecha carne deseante en relación con otros, siempre en relación con otros. Es la mujer existente viviendo su historia particular junto a otros sujetos sexuados y sexuales. Y ya hemos dicho que todo sujeto también es objeto en el mirar, soñar, tocar de otros; también en su propio mirar, soñar, tocar y reflexionar sobre sí mismo[10].

El cuerpo-palabra se va configurando en ese transitar de sujeto a objeto y de objeto a sujeto, se va transformando en continuada relación con otros, presentes o ausentes. El sujeto-objeto existente bebe de las significaciones que se le atribuyen por los demás. En una sincronía trepidante, es sujeto —observador, el que desea, decide y actúa o no— y objeto —observado, deseado, afectado por acciones ajenas y manejado por otros—. Es algo que sucede al mismo tiempo y constantemente puesto que el reflexivo mirar del individuo es hacia el exterior y hacia el interior de sí mismo. El sujeto-objeto es causa y efecto de sus vivencias, deseos y acciones, que le van constituyendo como existente, como una libertad en el proceso de vivir y escribir su historia desde la consciencia en el ser o desde el desentendimiento de sí mismo y enajenación, porque a pesar de que no pueda actuar sobre lo que le ocurre, sí puede decidir cómo lo toma y cómo reacciona frente a ello.

Participamos en lo que nos sucede, lo vivenciamos y lo interpretamos. En ese proceso, creamos nuestra realidad, que pasa a grabarse en nuestra experiencia de vida para ser recordada o aparentemente olvidada, pero que se integra en nuestro haber biográfico y nos transforma con su «algo más». Somos los mismos que antes de vivirlo, sin embargo, diferentes porque lo hemos vivido y esa experiencia se ha inscrito en el cuerpo-palabra sexuado y sexual que somos. Y, en adelante, partiremos de esa experiencia vivida en nuestra libertad de elegir, y seleccionaremos de entre

---

[10] Arnaiz Kompanietz, Anna: *El sujeto existente*, Madrid, Biblioteca Nueva, 2010.

algunas cuantas posibilidades aquella que se acople mejor a nuestras expectativas, miedos y deseos. Por tanto, la realidad no es algo que está fuera del observador-sujeto, es también su efecto y sutil prolongación, puesto que el sujeto es una parte activa y creadora de esta al destacar algunas cosas y difuminar otras, componiendo su propia visión de la realidad, en la cual se integra y actúa influyendo en su transformación, transformándose a su vez en esa experiencia[11]. Es un *continuum* de creación, correlativa y sincrónica.

Así, todo sujeto existente puede incidir en su realidad, puede cambiarla desde su libertad de decidir cómo quiere vivir su tiempo, desde su autonomía de sujeto, a pesar de estar condicionado por otros. No olvidemos que estar condicionado no es sinónimo de estar sometido y condenado.

No obstante, en una sociedad patriarcal, centrada en el varón como sujeto por antonomasia, se tiende a convertir a la mujer en objeto de sometimiento a su compañero existencial de sexo masculino; la mujer se mira en sus ojos y es mirada por él, atribuyéndole una calificación valorativa. La mujer es sobrecondicionada en ese orden de cosas. Y no es que eso se deba a que las mujeres sean unas sumisas, débiles o estúpidas; y los hombres, unos cerdos dominadores, que se aprovechen del valor y del trabajo de sus subyugadas compañeras para prosperar y conservar sus bienes, privándo-

---

[11] «Es fascinante que el mundo sea así de plástico, ni subjetivo ni objetivo, ni unifitario ni separable, ni dual e inseparable. Esto apunta tanto a la *naturaleza* del proceso, que podemos percibir en la totalidad de su calidad formal y material así como también a los *límites* fundamentales de aquello que podemos comprender de nosotros mismos y del mundo. Demuestra que la realidad no está constituida sencillamente a nuestro antojo, porque esto significaría suponer que podemos elegir un punto de salida desde adentro. Prueba además que la realidad no puede entenderse como algo objetivamente dado, como algo que recogemos, porque esto significaría suponer un punto de partida externo. Demuestra de hecho una *ausencia de fundamento* sólido de nuestras experiencias, en las cuales nos son suministradas determinadas regularidades e interpretaciones, fruto de nuestra historia conjunta como seres biológicos y sociales». Francisco Varela en *La realidad inventada* de Paul Watzlawick y otros, Barcelona, Gedisa, 2010, pp. 262-263.

las conscientemente de su propia historia, empobreciendo su existencia. No, eso sucede porque las maneras vigentes de interacción entre los sexos tienden a perpetuarse de forma natural, casi que por sí solas en una inercia continuada, pues se anclan en las estructuras que las producen, es decir, en una disposición simbólica que jerarquiza los sexos y los condena a un intercambio traslaticio determinado y no a otro. Solo un posicionamiento consciente, decidido y persistente en el tiempo frente al «natural» devenir de los acontecimientos puede romper ese maleficio relacional entre los sujetos mujer y hombre, que los ubica en una desigualdad existencial injusta.

Las mujeres no podemos ser tratadas como objetos, que se mueven en un orden social en beneficio de sus compañeros, los hombres. Nos tenemos que rebelar todos contra el falaz principio de inferioridad del sexo femenino, que excluye al sujeto mujer de su discurso histórico, provocando una injusta asimetría fundamental entre los dos sujetos soberanos, tornando a uno en guía y dominador del otro, mutado este en objeto por la irracionalidad imperante entre los hombres mediocres[12]. Ese orden relacional nos empobrece a todos.

El sujeto mujer sigue siendo objetivado desde el mirar y nombrar masculino, desde su extrañeza e incomprensión de lo diferente. Es más, demasiado a menudo el sujeto mujer es reducido a un objeto simbólico de uso y disfrute, despreciando su equivalente condición de sujeto de intercambios simbólicos, su infinita

---

[12] «El principio de la inferioridad y de la exclusión de la mujer, que el sistema mítico-ritual ratifica y amplifica hasta el punto de convertirlo en el principio de división de todo el universo, no es más que la asimetría fundamental, la del sujeto y del objeto, del agente y del instrumento, que se establece entre el hombre y la mujer en el terreno de los intercambios simbólicos, de las relaciones de producción y de reproducción del capital simbólico, cuyo dispositivo central es el mercado matrimonial, y que constituyen el fundamento de todo el orden social. Las mujeres sólo pueden aparecer en él como objeto o, mejor dicho, como símbolos cuyo sentido se constituye al margen de ellas y cuya función es contribuir a la perpetuación o al aumento del capital simbólico poseído por los hombres». Bourdieu, Pierre: *La dominación masculina*, Barcelona, Anagrama, 2000, p. 59.

hondura carnal en el ser. El cuerpo-palabra que es enmudece por la imposibilidad de hablar como sujeto recurriendo a un lenguaje que le construye como objeto.

El sujeto mujer es transmutado social y culturalmente en un símbolo intercambiable por otros. Es usado y exhibido como objeto erótico, reproductor, decorativo, de trabajo doméstico... La adaptación y conformidad con su papel «femenino» son enaltecidas y reforzadas por medio de múltiples y diversos mecanismos. La dominación entre los sexos, con su consiguiente desequilibrio entre los sujetos de sexo femenino y masculino, se erotiza, se torna deseada y buscada, sin que uno sea consciente de ello, se normaliza en su constante e imperceptible confirmación. La servidumbre se instala en la relación entre los sexos y la dependencia del sujeto mujer pasa a ser constitutiva de su ser en un orden patriarcal. La mujer-objeto sueña con los sueños de los hombres, goza con el gozar de ellos, les sirve bien; no se pertenece a sí misma[13]. Sumisa e interesada, ha contribuido a perpetuar ese miserable orden de cosas. Ha alimentado los sueños de los sujetos hombres, ha encendido su imaginación de macho dominador comportándose como desvalida y necesitada de protección y de guía, ha reforzado su deseo de posesión, su poder de disponer de ella, ignorando la condición de sujeto de igual valor y derecho al desarrollo de su propia historia de mujer.

Cabe afirmar claro y alto que ningún sujeto es propiedad de otro sujeto, que la servidumbre, tanto voluntaria como involuntaria, desmerece y envilece al sujeto existente, empobrece su latir minuto a minuto, le cosifica sin que se percate de ello, le muta en

---

[13] «Pero la musa no es ella misma. Siempre está bajo el control de su dueño: éste es el Sujeto y ella es el Objeto del Deseo. Una mujer que se identifica con el Objeto del Deseo no es la fuente de su propia inspiración; no siente que su vida le pertenezca. Su vitalidad y su imaginación, sus esfuerzos y sus planes, están dirigidos a los deseos de los demás, a ser deseable como mujer-niña anoréxica, dama encantadora o madre sacrificada. Ser el Objeto del Deseo significa no poseer un núcleo del Yo, ni una clara autonomía y autodeterminación que se hallen bajo el propio dominio». Young-Eisendrath, Polly: *La mujer y el deseo*, Barcelona, Kairós, 2000, p. 34.

objeto de sacrificio. La mujer-sujeto puede habituarse a ser tratada como objeto en su relación con otros, puede adaptarse a esa injusta situación y aprender a desenvolverse en esa miserable realidad de forma que, en apariencia, no le sea demasiado dolorosa. Sin embargo, lo que paga por ello es inasumible, porque paga con su propia vida, con su palabra y su sentir, con su palpitante existencia. La miseria deprava y enmudece, frustra en lo más profundo, te mata como sujeto existente en el olvido de sí.

La mujer-objeto es el símbolo del oscuro poder masculino del régimen patriarcal, pues dicho poder es sobre otros, se alimenta de su existencia, de su energía vital. En ese orden de cosas, el poder otorgado a la mujer es el de servir bien a otro sexo, es el de ser objeto de utilidad y portadora de valor, que hace traslucir el poder masculino y lo refuerza. La mujer-objeto es valorada en su desempeño como sujeto reproductor y guardián de la familia, y de los bienes del varón, y como codiciado objeto de deseo y de utilidad de los demás. El sujeto existente mujer es del sexo que parece que no se pertenece a sí mismo, o, por lo menos, así están dispuestos muchos de los significados que manejamos para interpretar y ordenar nuestra realidad existencial.

La mujer-objeto procura ser bella. Invierte mucho tiempo, energía y dinero para ese fin. Es como si la vida le fuera en ello, y, desde luego, así es, porque ese tiempo, energía y dinero podría emplearlos en formarse y construir una existencia más interesante y auténtica para sí misma, en la cual se convertiría en sujeto, dueño de su propia palabra y de sus deseos; no se contentaría con servir a los demás para que prosperen, participando en sus historias como ayudante y conservadora, aunque esa tarea sea digna de respeto y de reconocimiento social. La servidumbre, incluso la voluntaria, no es atributo de sujeto, y no es lo mismo colaborar de igual a igual que servir desde la inferioridad existencial.

La mujer-objeto no es solo objeto estético, que traduce el poder del sujeto que la posee, también es un objeto sexual para uso y disfrute por parte de ese que la posee de modo continuado o no. El cuerpo-palabra que es, es para otros, relegado a la mudez en su expresión e interpretación significante, a la ignorancia de su personal e intransferible sentido de ser, de su particular historia por ser. Se supone que debe contentarse con ser deseado y admirado como cuerpo bello, y, si es por un sujeto masculino poderoso y rico, mucho mejor, más valor social tiene ella[14]. No deja de ser una empobrecida escenificación de su libertad existente, de su trepidante y honda aventura de vida.

La mujer-objeto es una conciencia hecha carne subordinada a otros, que deciden por ella, que le atribuyen un valor por servir a sus fines, que se apropian de su decir vital, que la gobiernan. Cegada, participa y contribuye a perpetuar su miseria, interiorizando los significados y los sueños de otros como si fuesen los propios, y cumpliendo sus reductoras profecías, que la ignoran como sujeto existente de pleno derecho a desarrollarse y *ser* en su existir día a día[15].

El miedo a la desaprobación de los otros, a no ser deseada y/o querida, junto con la sorda tortura de la culpa por no llegar a la norma interiorizada ya desde la niñez, por la supuesta insuficiencia relacional y notoria imperfección, son unos eficaces instrumentos para aprisionarla en su reducción existencial como sujeto. Además, aparentemente, esa composición escénica es coherente y

---

[14] «Las mujeres llevamos cincuenta años planteando que hemos sido invisibilizadas como sujeto histórico y sobrevisibilizadas como cuerpo para otros. Por lo tanto cambiar esta conformación de las mujeres es fundamental». Lagarde y de los Ríos, Marcela: *Para mis socias de la vida*, Madrid, Horas y horas, 2005, p. 86.

[15] «Así, pues, la mujer se encuentra en una situación de *explotación específica* respecto al funcionamiento de los intercambios: sexuales, pero más en general económicos, sociales y culturales. Ella no "entra" en los mismos más que como objeto de transacción, salvo que acepte renunciar a la especificidad de su sexo. Cuya "identidad" le es impuesta además conforme a modelos que le resultan ajenos. La inferioridad social de las mujeres se refuerza y se complica a causa de que la mujer no tiene acceso al lenguaje, salvo recurriendo a sistemas de representación "masculinos" que la desapropian de su relación consigo misma y con las demás mujeres. De esta suerte, lo "femenino" nunca será determinado sino por y para lo masculino, mientras que lo contrario no sería "verdad"». Irigaray, Luce: *Ese sexo que no es uno*, Madrid, Akal, 2009, pp. 62-63.

está dotada de sentido[16]. Y no olvidemos que la reducción existencial del sujeto mujer también afecta y compromete al sujeto hombre por incluirse este en una precaria relación entre los sexos, que le impregna y le constituye como existente. Más aún, esas relaciones de sujeto-objeto, fundadas en la desigualdad jerárquica, se repiten en otras relaciones jerárquicas, normalizándose al ser reproducidas una y otra vez.

Otro instrumento para aprisionar al sujeto mujer en una perjudicial reducción existencial es el de limitarle el acceso al saber, a una libre circulación por los espacios privados y públicos, a cargarla de deberes y tareas «propias de su sexo», que casi ninguna de ellas lo es, por lo menos no son tareas exclusivas de su sexo. De esta manera, el sujeto mujer está continuamente entretenido en mil obligaciones, que ocupan su tiempo, su mente, su vida, que enturbian su soñar y dificultan realizar lo que sueña; la agotan en su cotidiana sucesión sin fin, la frustran en su vivir[17]. Normas, tareas, mandatos, leyes... acotan su diario transitar como sujeto, demarcando lo que se le permite y lo que se le prohíbe como sujeto mujer.

El sujeto-objeto mujer es sexual. A nadie se le escapa este hecho. Pero ¿es sujeto sexuado y sexual de pleno derecho, en igualdad interactiva con el sujeto hombre? ¿Su sexualidad es expresiva de sí misma o es la adaptativa y complementaria a la sexualidad masculina? ¿Se le da el mismo valor? ¿Se la nombra, estudia y se la

---

[16] «Sin embargo... Una pregunta: ¿Quién decide lo que es comportarse de *forma socialmente aceptable?*
»*"Ellos"*, es probable que digas.
»Sí, claro que sí, pero nosotras también. *Somos cómplices. ¿O acaso crees que tú no tienes nada que ver con lo que te sucede, con lo que nos sucede a todas las mujeres?* Abre los ojos. Ni ellos son tan poderosos, ni nosotras tan débiles. ¡Ya no! O sea que, lo siento, no puedes tirar la primera piedra, *no eres inocente*, lo que sí puedes es *reaccionar».* De Béjar, Sylvia: *Tu sexo es tuyo*, Barcelona, Plaza & Janés, 2001, p. 26.
[17] «En la implicación femenina en el trabajo subyace mucho más que el deseo de escapar del "gueto" doméstico; de hecho, traduce la nueva exigencia de afirmar una identidad como sujeto». Lipovetsky, Gilles: *La tercera mujer*, Barcelona, Anagrama, 1999, p. 205.

reconoce en equivalencia valorativa? ¿Y su deseo? ¿Qué desea el sujeto mujer? ¿Cuál es su *amatoria*? ¿Puede el sujeto-objeto mujer contentarse con ser el instrumento para el gozo de otros, con ser objeto de su pasión sexual? Quizás esté llegando el tiempo en que las mujeres seamos sujetos sexuales de pleno derecho, que reivindiquemos y valoremos nuestra condición sexuada y sexual, que respetemos el cuerpo real que somos, su expresiva sexualidad, su particular desear e interactuar con otros de igual a igual, y jamás dejemos de hacerlo, a pesar de todos los impedimentos, a pesar de haber sido mal educadas para *ser*. En ello nos va la vida. Transformemos nuestra realidad transformándonos a nosotras mismas como existentes.

3. El sujeto sexual mujer

El sujeto mujer es un sujeto corpóreo, sexuado y sexual, en el proceso de vivir su personal historia. Tiene derecho a *ser* como cualquier otro sujeto. Tiene derecho a ser dueña de sí misma, a la disposición de sí, del cuerpo-palabra sexual que es. Parece obvio, pero demasiado a menudo lo olvidamos en una cierta enajenación existencial, reforzada por el peso de siglos de historia con su cultura, que ordena nuestro pensar, sentir, valorar y proceder desde el exterior e interior de nosotros mismos, sin que nos demos cuenta de que formamos parte de su contar —somos un vocablo hecho carne existente, una nota viva en una melodía, que nos trasciende, nos compromete en su escuchar, en su sentir, en nuestro vivir...

El sujeto mujer es ese sujeto para quien ser mujer y ser sujeto en su existencia no le es indiferente. Combina ambas condiciones desde el compromiso consigo misma como existente sexuada y sexual. El hecho de ser mujer la posiciona en el mundo real y posibilita que llegue a ser sujeto en relación con otros. No estamos hablando de dominación de otros, que se vuelven objetos en relación con la mujer, sino de una dominación de sí, o, mejor dicho, de la fortaleza interior, del poder de una misma sobre sí misma y en sí misma, de una disposición de sí en relación con otros de igual a igual, en su propio mirar, pensar, sentir, interpretar, desear y actuar.

En ese continuado proceso, nos hacemos sujetos mujeres comprendiéndonos como tales. Es un camino lleno de obstáculos y contratiempos. Pero si nos guían la esperanza de llegar a *ser* y la confianza en nosotras mismas, la fe en el esfuerzo personal y tozudez existencial, el éxito es inevitable, porque nadie nos puede impedir pensar, sentir y decidir, incluso en los regímenes más totalitarios, aunque, en esos, las opciones a elegir estén muy limitadas. Un sujeto mujer puede decidir aguardar, adaptarse en apariencia, callar, y, sin embargo, la inagotable llama de su ser, su viva voz le hablará y la reconfortará desde su infinita profundidad corpórea. Los otros —bárbaros— podrán mutilarla, pero no matarán su indomable libertad salvo cuando el sujeto mujer lo consienta. Y no olvidemos que para crecer como sujeto mujer es fundamental seguir viva, sobrevivir y no detenernos demasiado en la condición de heridas y dañadas. Es algo que no nos podemos permitir, pues nos debilita en nuestro caminar como sujetos. ¡Ánimo y a volar! ¡Y que sea un vuelo hermoso![18]

¿Qué duda cabe?, es mucho más interesante crear tu vida, tu narración existente que participar en tu propia opresión. A pesar del afecto y amor que podamos sentir por los otros con los que vivimos y nos relacionamos, no perdamos el contacto con nuestras propias necesidades, sentimientos y deseos, no perdamos nuestra voz, amemos nuestras palabras. Los otros nos pueden ayudar o no, mas no pueden ser por nosotras, ser sujetos en nuestro vivir —esa es nuestra tarea—. Solo nosotras podemos conseguirlo. Todo comienza y termina en el cuerpo-palabra que somos; somos principio y fin de todo lo que nos sucede. Conscientes o no, creamos nuestros patrones de estar en el mundo y podemos cambiarlos, si así lo

---

[18] «Si consiguiéramos comprender que *nuestra tarea consiste en seguir realizando la tarea*, nos sentiríamos mucho más orgullosas y estaríamos mucho más tranquilas». Estés, Clarissa Pinkola: *Mujeres que corren con los lobos*, Madrid, Ediciones B, 2002. p. 413.

decidimos; de nosotras depende[19]. Las sistemáticas renuncias no deberían ser «el pan nuestro de cada día», las tenemos que dejar como algo obsoleto e impropio. Las renuncias son un gran impedimento para llegar a ser sujeto mujer de pleno derecho a existir como tal[20].

Las mujeres debemos ser conscientes en el existir como sujetos, es un importante requisito para impedir vivir en el olvido de sí. Somos una latente libertad narrando nuestra particular historia; no pertenecemos a nadie, ni siquiera cuando nos aman o amamos. No tenemos por qué depender y estar subordinadas a otros. Solo ocurre si lo consentimos, si no creemos en nosotras mismas como una autonomía corpórea con pleno derecho a *ser*, si no nos consideramos en igualdad en relación con otros, tanto si es una relación amorosa o no. Cómo nos vivenciamos y cómo nos conducimos nos va creando como individuos, escribe nuestra historia.

Las mujeres, sin darnos cuenta de ello, colaboramos en nuestra propia sumisión existencial, en nuestro olvido como sujetos sexuales de igual valor y con todo el derecho del mundo a expresarnos en nuestra vida, en nuestra sexualidad, y a no contentarnos con agradar y ser secundarias en el encuentro con otros, secundarias incluso para nosotras mismas. El sujeto mujer, de una vez por todas, puede tomar la decisión de elegir *ser* sujeto sexual y responsabilizarse de su decisión, de llevarla a cabo en su día a día existente. Esto supone asumir el compromiso con lo elegido, vencer los obstáculos que se presenten, las resistencias propias y ajenas, trascender las dudas, contradicciones y las incomprensiones de otros, que te van minando la moral. Supone insistir todo lo que haga falta para oírnos y ser escuchadas por otros.

---

[19] Marlow, Mary Elizabeth: *El despertar de la mujer consciente*, Madrid, Gaia, 1998, p. 182.

[20] «Se pretende que los seres humanos puedan desarrollarse en libertad y en plenitud. Se trata de algo tan sencillo y olvidado como ser, simplemente, personas que piensan, sienten, eligen, colaboran, se apoyan y se enriquecen mutuamente». Rivière, Margarita: *El mundo según las mujeres*, Madrid, Aguilar, 2000, p. 15.

La transformación es posible, pues nacemos y morimos inmersas en las significaciones que manejamos en cada instante vivido, para renacer con ese «algo más», que nos enriquece o nos empobrece como sujetos reales después de cada pálpito vivenciado. Estamos separadas de otros en nuestra sexuada piel; somos una soledad abierta a otros. La soledad es consustancial al sujeto existente y es una soledad abierta a otras precisamente por ser humana sexual, por ser profundamente relacional.

Para ser sujeto sexual en igualdad de valor, primero tenemos que cambiar nosotras para facilitar el cambio de los otros, sean del sexo que sean. Esa es nuestra gran tarea: cambiar comprendiéndonos, respetándonos, aceptándonos en nuestra real y palpitante imperfección carnal. ¡Basta ya de cadenas! Están también en nosotras. ¡Es hora de *ser*! Conozcámonos a nosotras mismas con los ojos muy abiertos. Responsabilicémonos de nosotras mismas para *ser* en plenitud carnal y no como frustrado complemento de otros[21]. No somos desvalidas. Somos poderosas en nosotras mismas y podemos conducir nuestra vida sin consentir una aplastante dependencia de los demás, sin pretender ejercer poder sobre otros ni manipularlos seduciéndolos para vivir a su sombra. Si creemos en nosotras acrecentaremos nuestra fuerza como sujetos existentes, contribuiremos a que la potencialidad se torne realidad, se vuelva carnal. No importa si es algo difícil de conseguir, merece la pena el esfuerzo. Además, vencer los obstáculos fortalece al sujeto existente, le forma, aumenta su consistencia en el *ser* carnal, real —una libertad latente que espera *ser*, que desea *ser*, que nos compromete en el llegar a *ser*[22].

---

[21] «La soberanía o autonomía personal significa sentirse libre de elegir y proponerse las propias acciones. Exige práctica y conocimiento, el tomar decisiones de un modo que sea responsable, satisfactorio y que nos realice. Expresar y sostener las propias decisiones con una acción responsable, valores éticos y un lenguaje claro es una capacidad que puede desarrollarse sólo a través de la comprensión y el esfuerzo constantes». Young-Eisendrath, Polly: *La mujer y el deseo*, Barcelona, Kairós, 2000, p. 197.

[22] «En cada uno de nosotros reposan ilimitadas posibilidades de acción, e innumerables veces los estímulos o dificultades que nos llegan desde fuera nos

Construirnos como sujetos mujeres es el gran tema de la libertad de *ser*, de la autonomía en el latir y narrar tu propia historia ocupando el centro del relato, de nuestra vida, perfectas en nuestra supuesta imperfección corpórea. Es verdad que somos como cualquier otro cuerpo, cuerpo para otros; mas no debemos ser sobre todo para otros, sino para nosotras mismas como una increíble realidad en el proceso de llegar a desarrollar sus potencialidades personales. Como sujeto, la mujer puede intentar resolver su narración existente, puede cambiar su actitud vital, transformar su mirar y su creer, puede ser dueña de su propia palabra. ¡No asistamos pasivas a nuestra propia condenación! ¡Despertemos ya! Las cosas que nos suceden no son algo irremediable. Podemos intervenir para transformar nuestra existencia, reescribir nuestra biografía desde un punto y aparte en ese continuo nacimiento individual. Tenemos voz y cosas que decir, una y mil veces hasta que se nos escuche[23]. Cabe afirmar que somos las responsables de nosotras mismas, de nuestro personal verso o narración. El componer nuestra historia, nuestra vida, debe ser lo más importante para nosotras, ¿para quién si no?

Por supuesto, como sujetos responsables de nuestros actos, también somos responsables de la repercusión de esos actos en la narración de otros. Transformándonos no solo transformamos nuestra realidad existencial, sino también la de otros. ¡Hagamos que sea algo de lo que podamos sentirnos orgullosas, algo hermoso en su inconmensurable humanidad! Esa es nuestra importante tarea: influir en la realidad imperante para que mejore para todos, que este mundo nuestro mejore y que la existencia en él sea más

aclaran sobre lo que realmente somos capaces de hacer». Simmel, Georg: *Cultura femenina y otros ensayos*, Barcelona, Alba, 1999, p. 185.

[23] «Ser sujeto es un esfuerzo constante de transformación de la vida cotidiana que requiere mucha disciplina. La transformación en sujeto, la construcción de la autonomía, la construcción de un estado de libertad, exigen de la persona y la sociedad esfuerzo continuo, sostenido y sustentable, en la vida propia y en la sociedad». Lagarde y de los Ríos, Marcela: *Para mis socias de la vida*, Madrid, Horas y horas, 2005, p. 90.

digna, grata y humana. La vida de uno es el asunto más trascendente para ese uno, pero también es importante para los demás, puesto que ese uno influye en otros y contribuye a su cambio, a que el mundo cambie.

A pesar de que el hecho de *ser* es lo más privado que hay y de que no se puede comunicar la existencia de uno, esa existencia es algo que implica a otros, puesto que convivimos unos con otros, nos interrelacionamos en una trepidante continuidad existente, la cual nos moldea en su transcurrir. La ética y la estética empapan la conducta de un sujeto y deberían gobernar sus actos. Lo que hacemos y cómo nos comportamos tiene consecuencias no solo para nosotras sino también para los demás. Queramos o no, seamos conscientes o no de ello, influimos en nuestro entorno, que nos incluye y trasciende impactando en otros cuerpos-palabra. Formamos parte de una vibrante red relacional, constantemente cambiante, susceptible de mejorar o de empeorar tras nuestra intervención. Soñemos un mundo mejor, convirtamos el sueño en un propósito a realizar, seamos sujetos de nuestro discurso, también del discurso social, no solo del personal.

El sujeto existente mujer no debe renunciar a la especificidad de su sexo para ser junto a otros, ni siquiera para que la acepten de igual a igual o la quieran. Es mujer y esta condición sexuada y sexual transita todo nuestro ser, toda nuestra carnalidad pensante y sintiente; y es un valor, un inconmensurable tesoro a descubrir en su verdad, bondad y belleza. Procuremos reforzarnos como sujetos sexuales comprendiéndonos mejor —es nuestra tarea y nuestro propósito—. Es hora ya de que las mujeres nos tratemos como sujetos de nuestra expresiva sexualidad, de nuestro deseo y *amatoria*, y de que reconozcamos que nuestro deseo más profundo es llegar a *ser*, a ser soberanas en nuestra existencia, dueñas del cuerpo-palabra que somos. Nadie nos lo va a regalar; tenemos que lograrlo nosotras mismas vivenciándonos como sujetos sexuales, conociendo y valorando muchísimo esta condición sexual, deseando llegar a *ser* carnales plenas y responsabilizándonos de conseguirlo. Nuestra vida nos pertenece y es asunto nuestro. Nadie va a vivirla por nosotras[24].

---

[24] «Es obvio que nos quedan muchas batallas por ganar. Pero la más importante hemos de librarla *contra nosotras mismas*, ya que por mucho que digamos que tenemos derecho a vivir nuestra sexualidad, jamás lo lograremos si primero *no nos quitamos nuestro corsé mental*». De Béjar, Sylvia: Tu sexo es tuyo, Barcelona, Plaza & Janés, 2001, p. 74.

Consciencia de ser mujer *versus* enajenación

> Creo que las revoluciones duraderas proceden de cambios profundos en el interior de nosotros mismos que influyen en nuestra vida colectiva.
>
> ANAÏS NIN
> *Ser Mujer*

I.   LA ENAJENACIÓN EN EL SER MUJER

Nacemos y nos hacemos mujeres en una sociedad dada, en relación continuada con otros sexuados y sexuales. Los humanos solo podemos ser de sexo femenino o masculino y cada uno sabe de qué sexo es, y se ve en la constante obligación, casi siempre no consciente, de demostrar que es mujer u hombre, de acuerdo a las características asignadas a su sexo, a su conducta, comportamiento, papeles, ocupaciones, deberes, naturaleza... Estamos inmersos en un devenir histórico de significados y sentido en el ser, que internalizamos al socializarnos desde que nacemos, desde que empezamos a nombrar lo que vemos para ordenar nuestro mundo y poder relacionarnos con otros[1].

---

[1] «Y es que uno, aunque se crea un *ego* cerrado que se hace a sí mismo, no es en realidad más que la acumulación de los *nosotros* abiertos en los que va participando al ocupar nudos sucesivos en una red de relaciones sociales. Y en cada una de las encrucijadas vitales, las decisiones no se toman personalmente, sino que son producto del encruzamiento de múltiples elecciones recíprocas». Gil Calvo, Enrique: *El nuevo sexo débil*, Madrid, Temas de hoy, 1997, p. 198.

Entonces, ¿qué sucede? ¿No nos podemos escapar de ser resignadas partes de ese continuado todo? ¿Nuestro caminar por la vida no puede dejar huella en lo que nos rodea, en la sociedad? ¿La sumisión o la conformidad con lo que nos ha tocado en suerte es el final de nuestro sordo descontento existencial? ¿Qué hacer? ¿Nos contentamos con ser siervos de un orden injusto? Algunos sí lo hacen y otros se rebelan con mayor o menor éxito. Paciencia y perseverancia; vayamos poco a poco. No nos podemos liberar de nuestra historia, transformarnos por arte de magia en alguien que no somos, pero podemos entenderla y cuestionar sus verdades. Podemos hacernos preguntas y buscar las respuestas que necesitamos hoy para vivir mejor, relacionarnos mejor y ser más felices en nuestra existencia.

Los significados que manejamos al explicar cada sexo nos influyen en el *ser*, puesto que el ser humano bebe de ellos para hallar sentido en su mundo, para situarse en él y adaptarse para no vivir en un constante conflicto con el medio, conflicto que puede adquirir matices trágicos, y es, en todo caso, perturbador y desgasta. Por eso, la conformidad con aquello que se cree que es el sexo de uno es un instrumento muy eficaz de la socialización de los individuos sexuados y sexuales, ya que les sitúa en una red de reglas y normas de conducta, que van moldeando a los sujetos existentes en su continua repetición, les va creando en su realidad vivida. Y una vez incorporadas estas normas y reglas al bagaje de significados del individuo, no permanecen inactivas, ya que su seguimiento y callado implícito influyen en otros sujetos al ser colocados esos otros en un campo relacional, el cual les modula en el existir. Todos influimos en todos creando un cierto orden, que podría ser otro. Nos miramos, nos imitamos queriendo o sin querer.

Así, participamos en la creación de pequeñas sociedades, que pasan a formar parte de otras mayores, y esas de otras... Las personas co-creamos sociedades, nos guste o no ese hecho, nos sintamos orgullosas o no del resultado. Y cuando se establece un orden social, tiende a perpetuarse manteniendo sus estructuras, sus pilares de sustentación. Uno de ellos es el conjunto de significados que se atribuye a ser mujer y a ser hombre, y no es algo inocente, trae consecuencias para todos nosotros en nuestro vivir día a día[2].

La aceptación de esos significados, su internalización por los individuos, abre y cierra las posibilidades de nuestro desarrollo, de nuestro *ser*, regula nuestro existir latido a latido. El peso histórico de lo que han sido los sexos nos cae encima sin que seamos conscientes de ello. Sus verdades y sus mentiras nos preceden. El ser humano nace en medio del saber, afirmaba Michel Foucault. Se alimenta de los significados que le son transmitidos por otros desde que aprende a nombrar y, qué duda cabe que la diferencia sexual, la diferencia de los dos sexos, asume muchos significados, y no deja de ser un significante que estructura a los sujetos de ambos sexos; hace que nazcan sus sueños y sus miedos, mutila sus posibilidades de ser plenos en su sexuada carnalidad, acota su caminar existencial.

Es posible suponer que el patriarcado, como orden social, surgiera en un tiempo histórico dado frente a unas circunstancias vitales duras, que hacían honrar la fuerza física y el valor en la lucha para defender la vida, lo que se poseía y a los suyos, y para conquistar aquello que se codiciaba; es decir, se estimaba más la capacidad de dar muerte que la capacidad de dar vida. Quizás fue necesario para sobrevivir en una realidad violenta, en la cual la vida humana no tenía mucho valor. Poco a poco, el prejuicio desfavorable contra lo femenino se incrustó en el orden de las cosas. El sexo femenino pasó a ser considerado como segundo —inferior al sexo masculino—, y la mujer se olvidó de su grandeza en el ser, reconociéndose en el varón. Se comparó a la mujer con el hombre desde su supuesta inferioridad, se la denigró en su sintiente carne desde la incomprensión del diferente e ignorancia en el mirar y nombrar, y se la negó como sujeto existente de igual valor y derecho a su desarrollo, a su vida real, reduciéndola a útil compañera e, incluso, sierva.

---

[2] «Las mentiras sobre los hombres y las mujeres son las peores porque sobre ellas se construyen todas las demás». Rivière, Margarita: *El mundo según las mujeres*, Madrid, Aguilar, 2000, p. 83.

Así, la visión androcéntrica coloca al varón en el centro de su universo, dejando a la mujer un espacio en su significante sombra. Instaura unas prácticas relacionales entre los dos sexos, que reafirman y legitiman continuamente la premisa de la que partieron, como no podría ser de otra manera, puesto que son su concordante consecuencia; llevan esas silenciosas «verdades» implícitas en lo explícito visible, y perpetúan sin parar el orden al cual dan sentido[3].

El sexo masculino se convirtió en la norma humana y el femenino, en el «otro» incierto, pero potencialmente gobernable, útil tanto como trabajador —colaborador para guardar, conservar y transmitir las normas reguladoras de la existencia— que como sujeto reproductor y objeto de disfrute y de gozo. Todos los papeles que se adjudicaron a la mujer nacieron en un orden social patriarcal, y se instauraron para la permanencia de dicho orden. La mujer, sin que lo quisiera en realidad, contribuyó con su resignada aceptación de lo dado a que eso fuera posible; permutó su consciencia de *ser* por cierta consideración, afecto, deseo y amor de su compañero. El precio fue demasiado alto, y sigue siéndolo hoy, pues el trueque implica el olvido de sí, la enajenación en el palpitante existir día a día.

De ahí no resulta exagerado decir que el hombre creó la imagen de la mujer adaptándola a sus necesidades, subrayando unas cualidades y difuminando otras. No es que lo hiciera de mala fe, sino que fue el resultado de su mirar y seleccionar, consciente o inconscientemente, aquello que tenía sentido y utilidad para él, aquello que le interesaba y que él era capaz de ver y de comprender al mirar. Así, de todas las visiones posibles, se formó una determinada, e hizo emerger una realidad, que podría haber sido otra. Esa realidad

---

[3] «La visión androcéntrica está continuamente legitimada por las mismas prácticas que determina. Debido a que sus disposiciones son el producto de la asimilación del prejuicio desfavorable contra lo femenino que está inscrito en el orden de las cosas, las mujeres no tienen más salida que confirmar constantemente ese prejuicio». Bourdieu, Pierre: *La dominación masculina*, Barcelona, Anagrama, 2000, p. 48.

aportó sus «verdades», que todavía nos gobiernan imperceptiblemente, y contra las cuales nos rebelamos desde la consciencia y el cuestionamiento cabal[4].

En una sociedad patriarcal, la mujer se contempla a partir del mirar masculino, el dueño legítimo de su mundo, el centro del orden, el criterio a partir del cual se mide a la mujer. La alteridad real se vuelve imposible, se teme por ser desestructurante de lo dado. La mujer es la extraña, incierta, incomprensible, siempre la Otra potencialmente subversiva —el segundo sexo.

Parece claro que para sustentar ese irracional orden de cosas se precisa la colaboración de todos, hombres y mujeres que respeten las «verdades» que se les ha enseñado y que las perpetúen partiendo de ellas en su existir. Es necesario «educarlos» para ello, para que crean y se vuelvan obedientes y sumisos a sus mandatos. Por eso, la inconsciencia en el ser es muy conveniente para volver a los potencialmente subversivos en mansos. La enajenación en el ser mujer es crucial para sustentar el orden patriarcal. La mujer tiene que creer en su insuficiencia, en su inferioridad con respecto al varón. Si no, ¿cómo podría conservarse esa realidad social? La mujer tiene que asumir sus secundarios papeles y querer ser querida y deseada, y no pretender desarrollarse plenamente como sujeto existente mujer. ¡Eso sería el caos! Acabaría con el orden asimétrico entre los sexos, con lo establecido. Es preciso que la mujer acepte el gobierno y el dominio por parte de su compañero varón como lo debido y propio; lo contrario sería considerado subversivo y «antinatural»[5]. Las mujeres que no se contentan con esos mandatos son tachadas de «locas», «brujas», «marimachos» o «putas», y

---

[4] «"Todo cuanto ha sido escrito por los hombres acerca de las mujeres debe considerarse sospechoso, pues ellos son juez y parte a la vez", dijo en el siglo XVIII Poulain de la Barre, feminista poco conocido». de Beauvoir, Simone: *El segundo sexo, vol. I, Los hechos y los mitos*, Buenos Aires, Siglo Veinte, 1987, p. 17.

[5] «Las mujeres han sido educadas con la vista puesta en los hombres y en su relación con ellos como el medio de llenar sus vidas. La psicología de las mujeres se ha desarrollado de tal manera que, en un plano profundo, sentimos que nos falta algo si no mantenemos una relación con un hombre». Eichenbaum, E. L. y Orbach, S.: *¿Qué quieren las mujeres?*, Madrid, Talasa, 1995, p. 57.

no se las suele querer. De hecho, la obediencia se fomentó en la mujer como una de sus virtudes capitales a lo largo de los siglos, también por diversas religiones, que exigían la obediencia de la mujer al varón como lo fundamental en su relación, en la relación entre los sexos.

La posición de dominio de los hombres en un orden patriarcal no solo convierte el sexo masculino en superior al femenino sino asimismo en el humano universal, y a partir de ahí se abren y se cierran posibilidades interpretativas para comprender a ambos sexos, dejando algunas verdades en la ignorancia absoluta por no poder ser reconocidas y nombradas, por no tener sentido en el orden dado[6]. De esta manera, la independencia del principio femenino no puede comprenderse, no existe en una asimetría comparativa de los dos sexos. Parece obvio, mas lo ignoramos. ¿Cómo salvar este obstáculo al reflexionar y escribir sobre la mujer? Es difícil y complejo, pero trataremos de conseguirlo.

Consecuentemente, la cultura ha ido elaborándose con un signo casi exclusivamente viril, marginando y eliminando de ella lo femenino, salvo cuando encajara en su papel de complementario u opuesto, lo cual servía para reafirmar el sentido del orden establecido[7]. Las formas de clasificación se emparentan con las formas de dominación, originan los significados que manejamos al explicarnos la realidad para ubicarnos y relacionarnos unos con otros en nuestro mundo. Esos significados orientan a la mujer hacia el hom-

---

[6] «Medimos la capacidad y el carácter, la intensidad y las formas del ser masculino y del ser femenino basándonos en determinadas normas de esos valores; pero estas normas no son neutrales, no están excluidas de la oposición entre los sexos, sino que ellas mismas tienen carácter masculino». Simmel, Georg: *Cultura femenina y otros ensayos*, Barcelona, Alba, 1999, p. 73.

[7] «Como las mujeres no se plantean como sujeto, no han creado ningún mito viril en el cual se reflejen sus proyectos; carecen de religión o poesía que les pertenezca como cosa propia, y todavía sueñan a través de los sueños de los hombres. Adoran a los dioses fabricados por los machos. Éstos han forjado las grandes figuras viriles para su propia exaltación: Hércules, Prometeo, Parsifal, y en el destino de estos héroes la mujer ocupa un lugar secundario». de Beauvoir, Simone: *El segundo sexo, vol. I, Los hechos y los mitos*, Buenos Aires, Siglo Veinte, 1987, p. 184.

bre, al que tiene que complacer, honrar, servir y complementar. La objetividad se torna específicamente masculina y lo femenino se desvirtúa al estar contenido en la categoría universal-hombre. El ser mujer se subsume en el ser hombre, quedando desposeído de su capital simbólico[8]. Sus claves explicativas le son ajenas, pertenecen a sistemas masculinos de representación. Esas claves valoran como positivo lo que se atribuye al sexo masculino —el sexo poderoso—, en cambio, las cualidades atribuidas al femenino son desvalorizadas. Los valores masculinos se perciben como superiores, deseables y dignos de ser imitados. Los femeninos se condenan al desprestigio, disimulo, represión y negación; no tienen cabida en este orden. Así, el sentido de las mujeres se constituye al margen de ellas, su cometido no es ser ellas mismas, sino servir para perpetuar, reforzar y aumentar el capital simbólico del varón. Se las adiestra para ello desde que nacen y comienzan a nombrar aquello que ven[9].

Poco a poco y de manera imperceptible, las mujeres internalizan que lo «propio» del ser mujer en el orden establecido, también en el simbólico, coincide con el estar sujetas a los hombres. Parten de esta premisa en su juicio, su comportamiento, conducta.., en su soñar y desear, puesto que dicha premisa se codifica sutilmente en sus sistemas de representación y en sus claves interpretativas para discernir la realidad, claves que condicionan sus interacciones con otros sexuados y sexuales. De esta aplastante manera se aliena

---

[8] «La subsunción de las mujeres no es sólo lingüística, es ontológica, es identitaria, es profunda. Pero además, se trata de que al asumir esta posición subsumida, las mujeres debemos sentirnos dichosas. Hay una relación entre afectividad y opresión. A las mujeres se nos enseña a ser felices en la opresión y el mandato es así: subordinadas, subsumidas y sujetas realizándonos como personas y siendo seres para los otros». Lagarde y de los Ríos, Marcela: *Para mis socias de la vida*, Madrid, Horas y horas, 2005, pp. 61-62.

[9] «Si la igualdad no es más que un engaño es debido a que no se aceptan ni se tienen en cuenta las diferencias. Para asemejarse a los hombres, las mujeres se han visto obligadas a negar su esencia femenina y a ser un pálido calco de sus amos. Perdiendo su identidad, viven en la peor de las alienaciones y procuran, sin saberlo, la última victoria al imperialismo masculino». Badinter, Elizabeth: *XY. La identidad masculina*, Madrid, Alianza Editorial, 1993, p. 40.

lo femenino, que se muta en inhallable e innombrable, salvo para desvirtuarlo en su *ser* una y mil veces. El sexo femenino se torna fundamentalmente relativo al otro; se vacía en su identidad real[10].

Los hombres han proyectado en las mujeres aquello que no son, lo opuesto a lo que consideran como propio de ser hombres. Es la consecuencia de un pensamiento dicotómico, sin embargo no corresponde a la realidad humana, en la cual, las cualidades de los dos sexos suelen ser comunes a ambos, manifestándose o codificándose de forma diferencial en cada uno de ellos. Además, las mujeres, a pesar de ser del mismo sexo, son sujetos concretos con infinitas posibilidades de *ser* carnales, únicas y singulares; no son intercambiables. Conviene tenerlo muy en cuenta y nunca olvidar esta rica diversidad real. Cada mujer es única e irrepetible en su *ser* mujer, incluso cuando renuncia a su sí-mismo carnal pervirtiéndose existencialmente en una asfixiante mascarada de la feminidad en boga, porque, enajenada o no, es una conciencia viva hecha carne sexuada real con su particular verso o prosa narrativa en su devenir biográfico[11].

---

[10] «"Complemento" del hombre, la mujer es una persona fundamentalmente relativa. Es lo que el hombre no es, para conformar con él y bajo su mandato, el todo de la humanidad. Emilio es fuerte e imperioso, Sofía es débil, tímida y sumisa. Emilio tiene una inteligencia abstracta, Sofía será dueña de una inteligencia práctica; Emilio no podría tolerar la injusticia; Sofía la soportará. Y así siguiendo. Pero como a Emilio le toca la mejor parte, Sofía se conformará con la más modesta. Como lo ha dicho felizmente Elisabeth de Fontenay, "la feineidad es inhallable... Sólo el hombre detenta la facultad de los principios, razón por la cual se constituye en fin absoluto".

»Cabría añadir que es también la finalidad absoluta de la mujer. La naturaleza femenina está "alienada" en el sentido estricto del término por y para el hombre. La mujer no está hecha para sí misma, sino "para complacer al hombre... para ser sojuzgada por él... para serle agradable... para ceder y para soportar incluso su injusticia". Pronto esta mujer será una madre dispuesta a vivir para y a través de su hijo». Badinter, Elisabeth: *¿Existe el amor maternal?*, Barcelona, Paidós/Pomaire, 1981, p. 202.

[11] «No sabemos qué es lo masculino o lo femenino, sino en relación a un contexto; y no podemos saberlo hasta que las experiencias de las mujeres sean claramente registradas e integradas en nuestras estructuras mentales». Polly

Cabe afirmar que más que diferencia sexual hemos aceptado como norma una indiferencia sexual, nos hemos regido por un paradigma de sexo único —el masculino—, lo cual ha desembocado en la ignorancia de la infinita hondura del sexo femenino, ha propiciado su manipulación y empobrecimiento, y le ha condenado a no *ser*. Quizás ya ha llegado la hora de que los individuos, sean del sexo que sean, puedan y quieran valorar ambos sexos en su equivalente soberanía existencial, en su irreductible *ser*, y expresar nuestra diferencia en el vivir momento a momento. Es difícil de lograr, pues nos han educado para no hacerlo y las circunstancias no nos son muy favorables[12].

Tendríamos que dejar atrás los discursos negativos que desprestigian lo femenino y también los que lo ensalzan en tanto en cuanto el sujeto mujer se contente con un lugar a la sombra del varón, con ser dominada y gobernada por él[13]. ¡Basta ya de cadenas! Deberíamos aprender a detectar esos discursos y posicionarnos en

---

Young-Eisendrath en Zweig, Connie (editora): *Ser mujer*, Barcelona, Kairós, 1992, pp. 205-206.

[12] «A las mujeres la sumisión se les inculca desde la infancia, como la atracción y gracia peculiares de su carácter». Mill, John Stuart y Mill, Harriet Taylor: *Ensayos sobre la igualdad sexual*, Madrid, Cátedra, 2001, p. 144. A su vez, Ute Ehrhardt sostiene: «La educación orientada a que la mujer adopte su papel femenino viene a decir lo siguiente: las mujeres están siempre en desventaja. Reaccionan de manera ilógica, son ambiguas, ladinas e intuitivas. En cambio, el adulto psíquicamente sano y maduro es claramente distinto; es analítico, preciso, abstracto y directo; en fin, un hombre típico. Con arreglo a ello, las mujeres o bien tienen una psique problemática o bien ¡son hombres!» Ehrhardt, Ute: *Las chicas buenas van al cielo y las malas a todas partes*, Barcelona, Debolsillo, 2003, p. 174.

[13] «Un discurso negativo presenta a las mujeres como criaturas irracionales e ilógicas, desprovistas de espíritu crítico, curiosas, indiscretas, charlatanas, incapaces de guardar un secreto, rutinarias, con poca inventiva, escasamente creativas, en especial en las actividades de tipo intelectual o estético, timoratas y cobardes, esclavas de su cuerpo y de sus sentimientos, poco aptas para dominar y controlar sus pasiones, inconsecuentes, histéricas, veleidosas, poco de fiar, o sea traidoras, taimadas, celosas, envidiosas, incapaces de ser buenas camaradas entre ellas, indisciplinadas, desobedientes, impúdicas, perversas... Eva, Dalila, Galatea, Afrodita...

otro campo de representaciones simbólicas, que no nos condenen a una dependencia subyugadora. Aunque parezca fácil, es complejo, pues requiere una constante atención y cuestionamiento, y nos conduce a una resignificación continua; pero vale la pena implicarse en ello.

Afirmar que la mujer es naturaleza y más aún que es naturaleza inconsciente, y el hombre, cultura, ni es inocente ni es verdad. Ambos sexos son naturaleza culturizada y socializada en su existir en relación. Tampoco las mujeres somos pasivas, creamos sin parar, y no solo niños, sino realidades que nos incluyen a todos. ¡Ya está bien de tanta falacia! Lo que tenemos que hacer las mujeres de una vez por todas es dejar de asumir el papel de sexo abnegado, sumiso, callado, sufridor o manipulador en la sombra. Debemos ser claramente autoras de nuestro existir, de nuestro decir, no solo en el espacio privado sino también en el público, aunque nos tachen de desequilibradas, malvadas, taimadas o lo que sea. Nadie lo va a hacer por nosotras. Es el momento de quitarnos el enajenante velo de los ojos y tomarnos muy en serio, con todo el derecho a nuestro propio desarrollo y a una vida digna, en igualdad de oportunidades. Todos saldremos ganando.

Las mujeres y los hombres nos hemos creído un maléfico cuento: el de un sexo fuerte y otro débil. En realidad, ambos sexos son fuertes y débiles a la vez, dependiendo del prisma con el que se los mire. Además, cada sujeto mujer es como es; las hay más fuertes y más débiles, y, por si fuera poco, las cambiantes circunstancias, tanto externas como internas, en las que nos vemos inmersas al estar vivas y vivir día a día, pueden hacer que se manifieste una u otra cualidad. ¿Quién duda de que los humanos tenemos días de

---

»Existe otro cuerpo de discurso, aparentemente menos negativo. Frágiles, hogareñas, poco dotadas para la aventura intelectual y física, dulces, emotivas, amantes de la paz, la estabilidad y la comodidad del hogar, con tendencia a eludir las responsabilidades, incapaces de tener espíritu de decisión, desprovistas de capacidad de abstracción, crédulas, intuitivas, sensibles, tiernas y púdicas, las mujeres necesitan por naturaleza ser sumisas, estar dirigidas y controladas por un hombre». Héritier, Françoise: *Masculino/Femenino*, Barcelona, Ariel, 1996, pp. 205-206.

mayor o menor fortaleza o debilidad? Luego, parece evidente que no son cualidades fijas que se expresen en cualquier ocasión.

No obstante, si nos creemos débiles, actuaremos y nos comportaremos como si esto fuera verdad, y nos debilitaremos en el ser. Imperceptiblemente, confirmaremos esta falaz creencia en nuestro vivir y, sin querer, contribuiremos a perpetuar un orden de cosas que nos daña en lo más profundo, ignorando lo que somos las mujeres. Así despliega la violencia simbólica su aplastante efecto[14]. El coeficiente simbólico negativo, hilvanado en la calificación de las mujeres, en su nombrar, interpretar y dar sentido, nos afecta de manera negativa en todo lo que somos y en todo lo que hacemos, nos modela en el cuerpo-palabra existente que somos al reforzar esa perniciosa creencia mil y una veces día a día vivido[15]. Paulatinamente, se conforma un hábito en el ser mujer en una sociedad dada. Este hábito se incrusta en la carne sexual sintiente y pensante que somos, y las mujeres experimentamos nuestra supuesta debilidad, nuestra inferioridad en el pasar de los tiempos, también de nuestro particular tiempo biográfico, en continuada y performante comunicación con otros, confirmando sin darnos cuenta la creencia de partida.

---

[14] «La violencia simbólica se instituye a través de la adhesión que el dominado se siente obligado a conceder al dominador (por consiguiente, a la dominación) cuando no dispone, para imaginarse a sí mismo o, mejor dicho, para imaginar la relación que tiene con él, de otro instrumento de conocimiento que aquel que comparte con el dominador y que, al no ser más que la forma asimilada de la relación de dominación, hacen que esa relación parezca natural; o, en otras palabras, cuando los esquemas que pone en práctica para percibirse y apreciarse, o para percibir y apreciar a los dominadores (alto/bajo, masculino/femenino, blanco/negro, etc.), son el producto de la asimilación de las clasificaciones, de ese modo naturalizadas, de las que su ser social es el producto». Bourdieu, Pierre: *La dominación masculina*, Barcelona, Anagrama, 2000, p. 51.

[15] «La fuerza simbólica, como la de un discurso performativo y, en particular, una orden, es una forma de poder que se ejerce directamente sobre los cuerpos y de un modo que parece mágico, al margen de cualquier coerción física; pero la magia sólo funciona si se apoya en disposiciones previamente constituidas, que "lanza" como muelles». Bourdieu, Pierre: *Meditaciones pascalianas*, Barcelona, Anagrama, 1999, p. 223.

En nuestra enajenación existente no nos percatamos de que la realidad hallada es una realidad inventada en un campo de significaciones que nos enmarca en un mundo significante, el cual nos precede e incluye. Nos desenvolvemos en él de manera consciente o no[16]. De nosotras depende aceptar sin más sus límites, que nos ahogan, o cuestionarlos, tratando de comprender, y procurando no participar en la construcción de una realidad que nos margina y nos excluye como sujetos sexuales de pleno derecho a *ser*[17]. ¡Ya es hora de que dejemos de creer las perniciosas tonterías que se han dicho de nosotras, para que no se hagan realidad!

Las creencias de las que partimos al calificarnos desembocan en caracterizaciones, abren y cierran expectativas en el existir, actualizan realidades que emergen de lo posible en ese contexto y no manifiesto hasta ese momento, generan reglas. La realidad en la que nos ubicamos es dúctil y potencialmente cambiable. Tanto es así que al dejar de creer en la «verdad» de la creencia, esta se vuelve inadecuada y obsoleta, se desincrusta de la carne sexuada que somos. De esa forma, podemos trascenderla y facilitar el nacimiento de un orden nuevo, más digno y justo —el orden de dos sexos, soberanos ambos y hermosos en su infinita hondura carnal—. Aunque suene como algo sencillo, no lo es; es muy complejo y laborioso, pues tienes que deshacer infinitas falacias, que se repiten

---

[16] «En otras palabras, la realidad supuestamente hallada es una realidad *inventada* y su inventor no tiene conciencia del acto de su invención, sino que cree que esa realidad es algo independiente de él y que puede ser descubierta; por lo tanto, a partir de esa invención, percibe el mundo y actúa en él». Watzlawick, Paul y otros: *La realidad inventada*, Barcelona, Gedisa, 2010, p. 15.

[17] «Cualesquiera que sean los materiales que elijamos, ya se trate de ladrillos, ya se trate de elementos euclidianos, dichos materiales determinan límites. Pero nosotros experimentamos esos límites, por así decirlo, sólo desde "adentro", en la perspectiva de los ladrillos o en la perspectiva euclidiana. Nunca se nos muestran las fronteras del mundo en las cuales naufragan nuestros emprendimientos. Lo que vivimos y experimentamos, lo que conocemos y llegamos a saber está necesariamente construido con nuestros propios materiales y sólo se puede explicar por manera y forma de construir». Ernst von Glasersfeld en Watzlawick, Paul y otros: ob. cit., pp. 34-35.

sin parar y adquieren diversos modos de oculta presentación en lo explícito y en lo implícito.

Nuestras creencias a propósito de lo que somos las mujeres y de lo que debemos ser determinan nuestra experiencia de vida. Lo hacen en tal medida que, incluso, nos influyen al observar lo que vemos y destacar algunas cosas, dejando las otras al margen de nuestra percepción, por no tener sentido en nuestra visión de lo que el mundo es. Seleccionamos consciente o inconscientemente lo aprehendido. Y cuanto más compartidas sean esas creencias por todos, más determinante es su efecto, porque las confirmamos al comunicarnos con éxito unos con otros. Además, también nuestra memoria es selectiva. Solemos recordar aquello que confirma lo que creemos y, sin darnos cuenta, pensamos que esa es la realidad. Las excepciones o se olvidan o sirven para sostener que como tales excepciones confirman la regla[18]. No obstante, si cambiamos nuestras creencias nuestra experiencia se modificará, nos vivenciaremos y nos comportaremos de distinta manera en constante comunicación con otros. ¡No colaboremos en nuestra propia destrucción como sujetos existentes, pues la inferioridad sentida y vivida nos cosifica sin que seamos conscientes de lo que nos sucede!

El prejuicio de la supuesta inferioridad del sexo femenino pesa como una losa en nuestro caminar día a día e impide nuestro desarrollo, nos vacía en nuestro ser mujer[19]. Sin embargo, solemos

---

[18] «Incluso cuando, ante un éxito, se reconoce que la autovaloración negativa era errónea, la actitud sigue siendo la misma. A esto se le llama conservación de la expectativa. Al igual que los prejuicios, las expectativas son enormemente estables y endemoniadamente resistentes a cualquier cambio. Una vez que alguien cree en su incapacidad, es muy difícil convencerle de su valía». Ehrhardt, Ute: *Las chicas buenas van al cielo y las malas a todas partes*, Barcelona, Debolsillo, 2003, p. 94.

[19] «Las mujeres acceden a la identidad bajo el signo de la carencia, son menos que el hombre, y esta disminución marca todos los aspectos de su existencia, nada de lo femenino escapa al descrédito viril. Por otra parte, atomizadas, disueltas en cuanto criaturas especiales, son inexorablemente requeridas a individualizar sus problemas, vivir sus dificultades o su malestar eventual como unas

ignorar su sordo y persistente efecto sobre cómo nos vivenciamos, sobre cómo nos sentimos y sobre lo que hacemos o dejamos de hacer. ¿Hay algún modo de evitarlo si se hilvana de forma explícita e implícita en los sistemas de representación de los sexos, en un modelo que nos margina e ignora? Si recurrimos a esos sistemas de representación, solo nos resta a las mujeres negar lo que somos, por no disponer de palabras que lo expresen rescatándolo de lo inconsciente indeterminado, mudo y sin nombre, y sí disponer de otras palabras, que transmiten otras verdades; o aceptar que llevamos la equivocación en nosotras mismas, que somos fallidas e inadecuadas en nuestro ser sexuado y sexual. De ahí nuestro malestar, malestar que no tiene nombre, pues habitamos un espacio de exclusión simbólica, interna al orden establecido, es decir, que forma parte de él, exclusión vigente todavía hoy en mayor o menor medida. En ese orden, las mujeres carecemos de un discurso propio, de un narrar en primera persona, salvo para la queja y la protesta ineficaz, que corroboran y fortalecen todavía más lo establecido[20].

No pretendo contribuir a la victimización de la mujer, ya que nos debilita y nos ubica en el desvalimiento y rencor: es un callejón sin salida. Nadie va a venir a salvarnos. Es tarea nuestra. De una vez por todas, las mujeres tenemos que tomar consciencia de lo que somos, centrarnos en nosotras y combatir el vacío de los sistemas femeninos de representación, resignificando poco a poco, sin prisas y sin pausa, aquello que somos. Creo que esta es la fundamental herramienta de nuestra transformación, y, por ende, de la transformación de la realidad en la que nos encontramos in-

---

desgracias privadas. Víctimas a un tiempo de la opresión y de la solicitud. Del poder (falocéntrico) y de su interpretación (psicologizante)». Bruckner, Pascal y Finkielkraut, Alain: *El nuevo desorden amoroso*, Barcelona, Anagrama, 1989, p. 342.

[20] «Los excluidos pertenecen a la categoría de los ausentes y de ninguna manera podemos hacerles pasar por inexistentes. Pues la inexistencia no se puede deducir de la ausencia del excluido, al que se ha impedido acudir a la cita de la demostración de su existencia». Muraro, Luisa: *El Dios de las mujeres*, Madrid, Horas y horas, 2006, p. 147.

mersas junto a otros. Porque el estar excluidas no solo nos margina sino que no nos deja *ser*, nos condena a no poder desarrollarnos en plenitud carnal existente, aprisiona y mutila nuestras posibilidades, que se mantienen en lo mudo no manifiesto. ¡No colaboremos en ello!

La miseria simbólica empobrece y deprava, facilita la subordinación y el desprestigio de las mujeres, conlleva una gran frustración existencial, sufrimiento y daño, como consecuencia de atenernos las mujeres a un modelo que niega lo que somos realmente, conduciéndonos a la incomprensión de lo que somos, a estar enajenadas en el vivir, a no llegar a *ser*. La miseria simbólica nos condena al mortecino vórtice de no vivir del todo, porque a la existencia de las mujeres le falta algo fundamental: poder ser relatada —el discurso—. Es así porque la experiencia femenina de vida en el orden patriarcal acusa una sorda dificultad de autosignificación[21]. Esta es la historia de muchas mujeres: vivir en un incomprensible estado de profunda frustración —el malestar que no tiene nombre, como dice Betty Friedan[22].

En una sociedad que considera a las mujeres inferiores a los hombres y desvaloriza lo «femenino», lo más probable es que las mujeres tampoco se valoren, ni valoren lo «femenino», pues recurren a la red de significados vigente en dicha sociedad. Paulatinamente, aprenden a admirar las cualidades del sexo masculino y a infravalorar las propias. Y así, una vez aceptado el desfavorable sistema de su valoración, las mujeres pierden en autoestima y colaboran en su propia destrucción desde la misoginia internalizada, poco a poco y de forma apenas perceptible, en nuestro proceso de socialización como individuos que conviven en sociedad con otros. Las mujeres se devalúan en su propia consideración y

---

[21] «Pero la experiencia femenina está estructuralmente condenada o a expresarse en los términos de la cultura del otro, hecha a partir de experiencias de varones, o a permanecer muda». Bocchetti, Alessandra: *Lo que quiere una mujer*, Madrid, Cátedra, 1999, p. 14.

[22] Friedan, Betty: *La mística de la feminidad*, Madrid, Cátedra, 2009.

se vuelven hipercríticas con ellas mismas y con sus compañeras[23]. Buscan la perfección, ser infalibles en su hacer, lo cual es imposible en la existencia real. Desesperadamente, procuran adaptarse a lo que se supone que son, sin conseguirlo del todo. Comprueban una y otra vez que no llegan, y perciben una sorda desazón, una desestructurante extrañeza hacia lo que son y hacia lo que deberían ser. Las mujeres seguimos sin encontrar nuestro propio lugar en las sociedades androcéntricas, tenemos hambre de reconocimiento.

Así que, al desvalorizarnos nos reducimos a una mínima expresión de lo que podríamos llegar a ser; inconscientemente, tendemos a autoanularnos en un siniestro y repetitivo autoboicot existencial. Como consecuencia, no confiamos en nosotras mismas, ni en nuestro propio poder en el ser; vamos empobreciendo nuestra autoestima. A su vez, una baja autoestima genera sentimientos de debilidad e impotencia. El maléfico círculo se completa, aprisionando al sujeto existente mujer.

Si no creemos en nosotras mismas, ¿en quién podemos creer sin perder nuestra autonomía en el ser? Eso es lo que sucede: perdemos nuestra autonomía por no creer en nuestras propias fuerzas, por estar enajenadas en el ser mujer y habituarse a conjurar a los «poderosos» para que nos protejan a cambio de acoplarnos a sus deseos, necesidades, expectativas y mandatos. ¿Las mujeres nos contentamos con servir a otros, con servirles y cuidarlos toda la vida? Nuestra socialización contribuye a que eso sea posible, refuerza nuestra subordinación al varón, la cual ya no se fundamenta sobre

---

[23] «Se debe ser misógina como parte de la moral patriarcal; lo aprendemos como mandato, como una autodefinición. Incluso somos misóginas con las mujeres que queremos, con las más entrañables». Alborch, Carmen: *Malas*, Madrid, Aguilar, 2002, p. 79. A su vez, Marcela Lagarde y de los Ríos afirma: «Pero la más dramática de todas las experiencias misóginas *es la misoginia de cada mujer hacia sí misma* que forma parte de nuestra propia identidad de género y está ligada a la autoestima. A mayor misoginia, menor autoestima. La inseguridad, la autodescalificación, el miedo al error, la timidez, son expresiones, entre otras cosas, de la misoginia que no es más que la desvalorización internalizada de nuestra identidad de mujeres». Lagarde y de los Ríos, Marcela: *Para mis socias de la vida*, Madrid, Horas y horas, 2005, p. 139.

todo en las leyes o disposiciones religiosas, sino en las consideraciones, emociones, hábitos, deseos y sentido en el ser. Si creemos que nuestro sentido de ser es servir a otros, cuidarlos, alimentarlos, quererlos pase lo que pase y nos traten como nos traten, es lo que haremos con mayor probabilidad en nuestro existir, salvo que la vida nos coloque en una situación tan clara que nos obligue a cuestionar nuestras creencias o rebelarnos contra ellas.

Parece indudable que la servidumbre de las mujeres en su existir ha sido una realidad a lo largo de los siglos de la Historia, culturalmente aceptada y fomentada como lo «natural», necesaria para perpetuar el orden establecido. Por si alguna mujer se despistara o se rebelara, nuestra educación refuerza y reafirma la subordinación femenina, nos modela como cuerpo-palabra dulce, compasivo e indulgente con los fallos e injusticias de otros, incluso cuando nos hieren. Nuestra educación tiende a convertirnos en consideradas, en seguidoras y transmisoras de reglas y normas vigentes, mujeres dependientes y sumisas. En algún momento dejamos atrás a la niña curiosa e intrépida, que trepa a los árboles, se pelea con los niños y lucha para defender a sus compañeros más débiles. «Las chicas no son así», se nos dice mil veces. «No te va a querer nadie si pareces un muchacho.» Y acabamos creyéndolo, ajustándonos a lo que se espera de nosotras, porque, entre otras cosas, empezamos a desear a otros y tememos que no nos quieran por ser como somos. En el camino, dejamos nuestro potencial del *ser* mujer, nos enajenamos para ser aceptadas por otros, para ser deseadas y queridas por ellos[24].

Aprendemos que el desvalimiento tiene sus recompensas, que otros acuden a auxiliarnos y parece que se entiende que necesitemos ayuda y que a esos otros les gusta socorrernos, pero ¿qué

---

[24] «Podemos reconocer que la socialización de la mujer suele provocar el desconocimiento de su propio potencial. Y aun así, el autorrechazo es autorrechazo, y las consecuencias para la autoestima son muy graves. Cuando rechazamos y sacrificamos partes de nosotros mismos, sean cuales sean las razones, el resultado es un sentido del yo agraviado y empobrecido». Branden, Nathaniel: *La autoestima de la mujer*, Barcelona, Paidós Autoayuda, 1999, p. 37.

precio se paga? Las mujeres perdemos nuestras fuerzas en el existir, nuestra capacidad de resolver problemas se merma y, paulatinamente, se disminuye nuestra autoestima. Y si no nos creemos válidas, si no nos estimamos desde nosotras mismas nadie podrá crear ese sentimiento en nosotras desde el exterior: lo que siente y considera una misma es lo que es. Nuestras expectativas existenciales se reducirían a ser actrices secundarias de nuestra personal historia, por alienante que pueda sonar. Es el proceso de despersonalización femenina, de la lenta y aplastante enajenación en el sujeto mujer.

De ese modo, no tomaríamos las riendas de nuestra biografía de vida, de nuestra narración existente en primera persona; viviríamos como si estuviéramos viviendo, viviríamos a la sombra de otros, colaborando en *su* historia, sintiendo que nuestra vida no nos pertenece. Con eso no sostengo que no colaboremos ni ayudemos a otros, sino que no lo hagamos olvidando nuestro propio decir, que le demos importancia al narrar desde el cuerpo-palabra femenino que somos, en primera persona. Las mujeres valemos muchísimo y no solo como eficaces colaboradoras de otros, sino como autoras y creadoras en el existir. ¿Qué queremos hacer? Nos falta creer más en nosotras mismas e implicarnos en nuestra profunda revalorización como sexo, en nuestra transformación. Parece claro que si no nos tomamos en serio, nadie va a venir a regalarnos la consideración de nosotras mismas y a depositarla en nuestro interior. Esta creencia se va generando en nuestra hondura carnal en la experiencia de vivir, desde el deseo y el propósito de ser autoras de la propia narración existente, desde el compromiso con una misma y la responsabilidad en el ser, de llegar a *ser*, trascendiendo el miedo a conseguirlo, que es el peor de todos los miedos.

Si una mujer adopta el papel de una niña indefensa que precisa protección y ayuda, seguramente no desarrollará su potencial de autonomía. No sería lógico que ocurriera partiendo de tal premisa. Incluso, si a pesar de todo sucediera, la mujer se comportaría probablemente como si eso fuese algo excepcional y fuera de la natura, como si no fuese verdad. La negación se completa con el fingimiento. La mujer enajenada finge para conservar su precario equilibrio en el existir; finge, imita y controla. Se instala en un mortecino espacio de ilusión; aparentemente, no le pasa nada malo, solo frustra la vida que hay en ella, esforzándose en perseguir metas que la idiotizan[25]. El trabajo de mantener la autoanulación existencial consume mucho tiempo y fuerzas, y, como si de una profecía autocumplidora se tratase, conduce al desvalimiento existencial de la mujer, confirmando la siniestra «verdad» de partida. La debilidad de la mujer enajenada es una debilidad consagrada a otros.

La mujer enajenada teme su poder y su autonomía. Sí acepta el poder sobre otros a través de la seducción y manipulación: el poder de los pobres. Cree que el poder femenino es insano e impropio al ser mujer, que lo que corresponde a la mujer es ser objeto del deseo del hombre e influir sobre él; no ser sujeto deseante que convierte su deseo en propósito a conseguir. La alienación en el ser mujer niega la soberanía femenina en su narración biográfica. Parece que prefiere ser una niña buena que escribir su propia historia y disfrutar viviendo en plenitud carnal[26]. El sometimiento de la mujer ha degradado su cuerpo-palabra sexual, le ha empobrecido en su conciencia hecha carne, la ha relegado al espacio de las apariencias. Y si no hay autonomía, la individualidad se torna un imposible.

---

[25] «Todo es fingido, precario, postizo, y sin embargo la identificación imitativa —sostiene Helene Deutsch— salva al Yo de una catástrofe. Un sentimiento profundo y espantoso de vacío se enquista en la relación consigo misma y con los otros. Es preciso huir de ese vacío; no se puede enfrentar ni elaborar el horror que produce. Y sin embargo, lo que se niega no es sólo el sentimiento oprimente del vacío existencial; los mecanismos del "como si" ocultan también penetrantes sensaciones de inadecuación y de inutilidad que encuentran cierto alivio en la ficción de ser como los demás». Buzzatti, Gabriella y Salvo, Anna: *El cuerpo-palabra de las mujeres*, Madrid, Cátedra, 2001, p. 134.

[26] «Las mujeres están amordazadas por su buena conducta. Enmudecidas, renuncian a muchas cosas que las divierten, y rara vez consiguen lo que realmente desean». Ehrhardt, Ute: *Las chicas buenas van al cielo y las malas a todas partes*, Barcelona, Debolsillo, 2003, p. 17.

La mujer enajenada construye un espacio de ilusión y vive en él ignorando quién es más allá de sus relaciones con otros, si no es esposa, madre, hija, amante... Muchas mujeres sueñan y fantasean intentando compensar su grisura existencial. La capacidad de fantasear nos ayuda a sobrellevar la alienante cotidianidad que nos ocupa sin parar, nos proporciona huidizos momentos de color, que no solo palían nuestro malestar, sino que también nos entretienen en el espacio de la ilusión, contribuyendo así a perpetuar nuestra enajenación en el existir[27]. La fantasía en el existir desempeña un útil papel para que permanezcamos más o menos contentas en nuestra opresión, en nuestro apocamiento en el ser[28].

La impotencia en el existir, aprendida a lo largo de nuestra socialización, interfiere con nuestra autonomía. Nos vuelve ineficaces en la resolución de nuestros problemas. Nos constriñe en la

---

[27] «Para desarrollar la autonomía es básico deslindar la experiencia fantástica de la experiencia real. Millones de mujeres soportan grados alarmantes de opresión debido a la enorme capacidad fantástica que han desarrollado. Hay una relación directa entre la tolerancia a la opresión extrema y la capacidad de fantasear que, además, está fomentada social y culturalmente en las mujeres. Tenemos capacidad de "soñar" y ahí construimos una fantasía de nosotras mismas.

»El grado de fantasía se enfrenta al grado de impotencia porque la fantasía, cuando es vivida como fuga, evasión y sustitución de acciones reales tiene una capacidad aliviadora, pero sólo es momentánea. Cuánto daño nos hace a las mujeres en la posibilidad de construir la autonomía este tipo de fantasía. Hay que distinguir que una cosa es la fantasía como fantasía, y otra es cuando sustituye el movimiento en la vida misma; entonces, se vuelve atentatoria contra la autonomía.

»Tenemos que desarrollar la capacidad de hacer que la fantasía esté en el terreno de lo estético y no para que funcione como aliada de la imposibilidad de ser autónoma. A más fantasía menor capacidad de transformación porque la persona sustituye y se gratifica en la fantasía y puede luego regresar a vivir una vida real difícil, complicada, frustrante». Lagarde y de los Ríos, Marcela: *Para mis socias de la vida*, Madrid, Horas y horas, 2005, p. 54.

[28] «Puede afirmarse que nunca el carácter de un súbdito ha sido tan completamente adulterado por sus relaciones con los amos como el de la mujer por su dependencia del hombre». Mill, John Stuart: *La esclavitud femenina*, Madrid, Artemisa, 2008, p. 117.

constante duda: «¿Podré? ¿Me atreveré? ¿Seré capaz de lograrlo? ¿Y si fallo? ¿Y si lo consigo?»... La paralizante inseguridad se inscribe en el cuerpo-palabra que somos, dificulta la toma de decisiones[29]. Y las que se creen incompetentes en su vivir, no esperan conseguir grandes cosas por ellas mismas y se tornan más dependientes. Su manera de triunfar es conquistar a otro más poderoso, que a cambio de sus dones, servicios o colaboración existencial, les proporcione la seguridad que les falta. Procuran ser buenas o muy bellas, o muy hacendosas para que no las dejen de querer y las abandonen. La enajenación en el ser mujer no casa con la responsabilidad en el ser, con la responsabilidad de un sujeto existente con pleno derecho al desarrollo personal, conocimiento, autonomía y libertad.

A lo largo de los siglos se ha dificultado el acceso de la mujer al conocimiento; su socializadora educación la preparaba para conformarse con criar hijos, honrar a su marido o amante y llevar el gobierno de una casa. Nuestra mala educación para vivir nuestra propia narración existente es una prisión mental, que nos constriñe más que cualquier otra externa y real. Se encarga de enseñarnos a temer y a sentirnos culpables si nos alejamos de las normas establecidas, de los estereotipos internalizados en nuestro proceso de socialización, los cuales nos dictan cómo debemos ser las mujeres, ignorando con frecuencia cómo somos. No es de extrañar, puesto que los estereotipos son composiciones que nacen en un determinado orden de cosas, contribuyendo a su perpetuación; no son subversivos, son conservadores de dicho orden.

La enajenación en el ser mujer se asocia con la ignorancia de lo que somos, con la sensación de carencia en el ser —lógica en un régimen patriarcal por no ser hombres, prototipo de excelencia con

---

[29] «Tomar decisiones representa un problema para muchas mujeres, que optan por permanecer durante meses —cuando no toda la vida— inmersas en la confusión. El mecanismo es el siguiente: no desear ser responsable de las elecciones genera confusión; siempre tratamos el buscar lo seguro, pero como no podemos tener certeza del resultado de nuestras acciones, no actuamos, y así seguimos confundidas». Marlow, Mary Elizabeth: *El despertar de la mujer consciente*, Madrid, Gaia, 1998, p. 116.

el cual se nos compara—, de carencia e impotencia; también con la culpa por ser defectuosa e incompetente, o por ser demasiado competente, cuando debería ser más «femenina». Sea como sea las mujeres tendemos a sentirnos culpables tanto por ser como por no llegar a ser, a pesar de lo absurdo que pueda parecer esto si uno se detiene a pensar. ¡Ya está bien de tanta trampa, de tanta tontería que nos hace daño existencial!

La enajenación en el ser mujer se acompaña del miedo a la libertad, miedo a tomar nuestras propias decisiones, miedo a expresarnos abiertamente y defender nuestras palabras; también del miedo a la soledad, a sentirnos rechazadas e invisibles. Todo eso impide más nuestra autonomía que las cadenas que nos puedan imponer desde fuera. Nos sentimos presas en el existir. Hagamos lo que hagamos somos culpables ante nosotras mismas y ante la sociedad. El ser para sí se vuelve imposible.

Entonces, ¿es un castigo nacer mujer? ¡Por supuesto que no!, salvo si una se lo cree desde el victimismo y vive en concordancia con su creencia, o si nace en una sociedad patriarcal atroz, cuya política la aplaste por ser mujer, la convierta en sierva callada y empobrecida, y la conduzca a no vivir su vida por ser del sexo que es. No obstante, poseer derechos no es equivalente a hacerlos realidad en tu día a día. Las mujeres occidentales tenemos derecho a expresarnos, pero demasiado a menudo nos callamos en nuestro papel de pacientes, comprensivas y buenas. Renunciamos con excesiva facilidad a manifestarnos como únicas e insustituibles, y nos difuminamos en el común genérico. Comprendemos y perdonamos hasta lo que nunca deberíamos perdonar, porque es imperdonable: No se puede consentir el menosprecio, la denigración o la violencia[30]. La injusticia no es divertida, nunca lo es. El

---

[30] «La comprensión pasa a ser una trampa personal cuando también se comprenden las formas de conducta dirigidas contra uno mismo. Mientras a uno no le afecte determinado comportamiento, es la falta de valor cívico o el miedo al enfrentamiento lo que impide a alguien llamar a las cosas por su nombre y adoptar posturas de rechazo. La comprensión se vuelve autodestructiva cuando se aceptan y se toleran maldades dirigidas contra la propia persona, una conducta

causar daño a otro tampoco. A las mujeres se nos ha enseñado a saber renunciar, incluso a nosotras mismas.

Así, la mujer enajenada calla sus palabras, se somete a las normas, a los tozudos mandatos de su estereotipo, renuncia a oponerse a ellos; también renuncia a su personal saber, a su intelectualidad, a todo aquello que la autoafirme en ser sujeto existente real. En las sociedades patriarcales, autoafirmarse no es femenino[31]. La mujer enajenada se encoge sobremanera en el cuerpo-palabra que es, se hunde en la autonegación persistente. Parece una huidiza sombra de lo que podría haber sido sin tanta prisión y condena. La mujer enajenada no se da la consideración que se merece por ser; ni su tiempo ni su espacio le pertenecen[32]. Seguir el camino de su propio desarrollo y deseos se muta para ella en un tormento de conciencia, ya que el supuesto cometido de las mujeres es el de apoyar solidariamente el desarrollo de los demás. La culpa se inscribe en el ser mujer y completa el mortífero círculo de su alienación existencial[33].

---

intrigante o, en casos extremos, incluso la violencia. Las consecuencias abarcan desde el desánimo permanente, pasando por profundos temores y complejos de inferioridad, hasta enfermedades físicas y mentales. Una vez que se ha entrado en el ciclo de la autorrenuncia, las mujeres suelen lanzarse de lleno a una vorágine de desesperación y de absoluto desvalimiento». Ehrhardt, Ute: *Las chicas buenas van al cielo y las malas a todas partes*, Barcelona, Debolsillo, 2003, p. 141.

[31] «Todas las que renuncian sonrientes a manifestar abiertamente su opinión, a formular exigencias en voz alta y clara, todas las que esperan conseguir con algo de astucia lo que no se atreven a perseguir directamente, arruinan su dignidad. Dañan su condición social y retardan la igualdad de derechos. De nada sirve poseer algo sobre el papel, pero no hacer uso de ello», ob. cit., p. 130.

[32] «La mujer encogida da a entender lo siguiente: "Lo que yo hago no tiene importancia; no necesito un lugar determinado para mí ni especial tranquilidad. No tengo intereses propios que requieran que no se me moleste". A este principio obedece la vida cotidiana de muchas mujeres», ob. cit., p. 193.

[33] «Las mujeres gastan, invierten tiempo y emoción en la culpabilidad, una culpabilidad insensata. A veces pienso que cada mujer pasa por la vida perseguida en secreto por su propio demonio particular, representando su propia clase de vergüenza; un frenesí que va tras ella, no por algo real, sino por todo lo imaginario». Friday, Nancy: *Mi jardín secreto*, Barcelona, Ediciones B, 1993.

Además, ¿qué duda cabe que el sacrificio por los seres queridos es un acto de nobleza y generosidad? Las mujeres enajenadas se sacrifican con demasiada premura, incluso sacrifican su proyecto vital, su narración de vida, viviendo conforme a las leyes y demandas de otros, sin detenerse a pensar cuál es la ley de su propia existencia. Y si no se sacrifican, se sabotean y se autocastigan. Su sordo e inarticulado dolor, que les impide respirar plenamente, tiene sentido para ellas, se justifica por el bienestar de otros. Más aún, a las mujeres se nos educa en la creencia de que el dolor redime, conlleva recompensas espirituales y se acompaña de cierto éxtasis existencial[34].

La enajenación en el ser mujer se entrelaza con el equívoco en el propósito de vida y con la ignorancia de sí misma como mujer. El propósito de la mujer enajenada es ser para otros, no ser en sí misma. Y una vez que se tenga un propósito, se soporta casi cualquier cómo. La mujer enajenada vive de forma inconsciente, sobrellevando una existencia al servicio de metas, que la van vaciando pausadamente en el sí-mismo carnal que es. En realidad, ella no eligió esas metas desde una reflexión independiente, desde su deseo de llegar a *ser*. Las fue internalizando en su proceso de socialización, en su educación, y no solo por los padres o figuras masculinas de su niñez, sino también por las madres, abuelas y otras, que se las transmitieron con la mejor de sus intenciones para que algún día pudiera ser aceptada en la sociedad y llegara a ser feliz con otros.

La mujer enajenada se abstrae de sí misma, no se concentra en el cuerpo-palabra que es y se olvida de que es. Se reconcilia con su papel de subordinación, lo acepta, y renuncia a ser protagonista de su narración en primera persona, incluso de ser protagonista de sus pensamientos y deseos. La mujer enajenada no pretende volar libre sino que va soportando su existencia, sujeta a aquellos que le

---

[34] «La opinión de que el sufrimiento físico conlleva recompensas espirituales está ilustrada, en el arte y la literatura cristianos, con abundantes imágenes y descripciones de cuerpos torturados, tanto de hombres como de mujeres». Leroy, Margaret: *El placer femenino*, Barcelona, Paidós, 1996, p. 259.

han tocado en suerte. Y si esos otros no cumplen sus expectativas, se condena a sí misma por haber elegido mal, en vez de reaccionar y construir la vida como le gustaría que fuera.

Hoy, el malestar femenino persiste a pesar de que las mujeres, supuestamente, somos libres. Seguimos carentes de recibir la consideración y el respeto por ser mujeres, seguimos carentes de ser aceptadas en nuestra real especificidad sexual, en nuestra hondura existente. Puede confundir que, a veces, se nos coloque sobre un frío pedestal enalteciendo algunas de nuestras cualidades; sin embargo siempre se trata de cualidades que nos ubican en un papel social útil como secundarias, a la sombra de un varón —obedientes hijas, entregadas madres, esposas fieles y buenas colaboradoras, amantes atractivas, interesantes y divertidas...— Es como si en nuestras sociedades patriarcales las mujeres no tuviéramos otra manera de manifestar nuestra existencia, de ser visibles, que estar sujetas a otros, que ser para los otros. ¿Y dónde queda el ser para sí y en sí? Hasta las mujeres emancipadas tienen que renunciar a su propio ser, internalizando los valores masculinos, imitando las cualidades y metas masculinas, aceptando que ellas son imperfectas, intrusas en el mundo de otros[35]. Muchas mujeres que triunfan en un mundo de hombres tienen la sensación de estar quedándose con los trofeos de otros, de sustraerles algo que no les corresponde a ellas. Se sienten en falso, a punto de ser desenmascaradas. El tener trabajo e ingresos económicos no nos asegura la independencia en el vivir, aunque, sin duda, la facilita. Incluso las mujeres que triunfan en un mundo de hombres están obligadas a no perder su «feminidad», la cual, con frecuencia, es solo un modo de mostrar complacencia respecto a las expectativas masculinas, reales o

---

[35] «En el marco de la cultura establecida, las mujeres rinden más en la medida en que el objeto de su trabajo ya ha absorbido el espíritu de esa cultura, es decir, el masculino, y fracasan en la medida en que se les exige una producción original, es decir, en la que tengan que verter su energía propia, de entrada diferente, en las formas que exige la cultura objetiva, masculina». Simmel, Georg: *Cultura femenina y otros ensayos*, Barcelona, Alba, 1999, p. 191.

supuestas, especialmente en materia de incremento del ego masculino[36].

La mujer enajenada se camufla con la máscara de la feminidad, sigue los mandatos de su estereotipo sexual difuminándose en lo genérico aparentemente común. Nadar en esas aguas le proporciona la seguridad que no obtiene en el interior de sí misma. La mujer no quiere sentirse culpable por reivindicar su autoridad y ser tildada de controladora, dominante o bruja; ni tampoco por no reivindicarla y ser calificada de dependiente, apocada, inmadura y manipuladora. Es como si fuera un encantamiento maléfico: haga lo que haga falla y se siente mal. Sin embargo, refugiarse en el olvido de sí no es la solución. La solución pasa por aceptar y trascender el miedo de la mujer a no ser querida, a que la abandonen[37].

En las sociedades occidentales, las mujeres transitamos en una constante contradicción social: la de la supuesta igualdad entre los sexos y la desigualdad real. Esta contradicción hace mella en nosotras como cuerpos existentes que somos, pues sentimos que aparentemente se nos aprecia difuminadas en lo genérico, pero se nos desprecia como individuos concretos y más si osamos no corresponder a las expectativas ajenas, priorizando nuestras metas personales y siendo autónomas en nuestro pensar, mirar, desear y decidir[38].

Al considerar que las mujeres no somos individuos únicos e irrepetibles sino parecidas, sustituibles por otras, intercambiables e idénticas en nuestro ser mujeres, nos vemos reducidas a un bien

---

[36] Pierre Bourdieu: *La dominación masculina*, Barcelona, Anagrama, 2000, p. 86.

[37] «Cada día y en todos los aspectos, se espera que las mujeres afirmen y nieguen al mismo tiempo su condición de mujer...» Greer, Germaine: *La mujer completa*, Barcelona, Kairós, 2000, p. 357.

[38] «Tal es el resumen: ellos nos quieren hermosas y alegres y nos llaman frívolas. Nos piden sumisión y complacencia, y así, nos tildan de inferiores y débiles. Recuérdese las palabras de sor Juana Inés de la Cruz citadas antes: nos hacen como quieren y nos desprecian por lo que han hecho de nosotras». Alborch, Carmen: *Malas*, Madrid, Aguilar, 2002, p. 32.

reemplazable por otras, cosificadas en el cuerpo-palabra existente, cuya infinita hondura carnal se ignora. Nuestro rostro pierde su viva profundidad biográfica en el mirar de otros, se muta en superficie indiferenciada más o menos atractiva, en un espejo que devuelve siempre una imagen favorecedora de aquel que se mire en él, salvo cuando nos enfademos y explotemos desde la rabia y el resentimiento acumulados.

La mujer enajenada se cree fácilmente sustituible. Por eso se compara con sus potenciales competidoras y desconfía de otras mujeres. No las considera buenas compañeras de viaje, sino rivales. Pero, al competir, generalmente se sale perdiendo, porque se daña a una misma y a las demás, mutándonos en objetos comparativos, reafirmando sutilmente que somos intercambiables y sustituibles, reforzando nuestra inseguridad existencial. Así, una mujer no se posiciona como sujeto único e irrepetible, creadora de su mundo, sino que representa el papel de secundaria en su propia narración de vida, cuya fuente de valoración es de otros.

Como consecuencia de representar un papel y de vivir conforme a lo que se espera de ella, la mujer enajenada termina por no saber quién es, qué es lo que desea ni para qué vive. No se siente con fuerzas de enfrentar su propio vacío interior y disimula, y se entretiene en su tiempo, pues tiende al aburrimiento y a no implicarse con las cosas que se salgan de su reducido campo de acción. Poco a poco, renuncia a su identidad; son los otros los importantes en su vivir, no ella. Evita mirarse en su interior por el miedo a lo que pueda encontrar —el vacío duele y espanta—. La vida no vivida pesa como una losa en su interior. De ese modo, el camino de la propia alienación es progresivo, paso a paso, latido a latido sumido en la inconsciencia existencial. La mujer enajenada renuncia a sí misma, a su propio desarrollo y, como resultado, se frustra en su vivir, se siente permanentemente insatisfecha y culpa a otros de su sorda desazón. Una profunda soledad le oprime el corazón. La mujer enajenada se aísla y se enmudece en su día a día, salvo para quejarse una y otra vez, aunque parece que no sea capaz de identificar bien la fuente de tanto dolor[39]. Sueña y fantasea que alguien va a venir en su auxilio, pero en la espera su tiempo va pasando.

La mujer enajenada tiene miedo, un miedo que la recluye en su prisión, la paraliza, le quita las pocas fuerzas que tiene para enfrentar su propia dejadez existencial[40]. Además, el miedo en la mujer se fomenta y se sustenta social y culturalmente porque favorece la perpetuación del orden establecido entre los sexos, le interesa al grupo dominante para seguir siéndolo. La victimización de la mujer contribuye a mantener al sexo femenino bajo control masculino, y, en esto, consciente o inconscientemente, colaboramos también las mujeres[41]. El sentirse víctimas nos debilita, y cambiar algo se vuelve aún más difícil. Por otra parte, es más fácil culpar a otros o a las circunstancias, y no cambiar una misma. Sentirnos víctimas es una trampa para las mujeres y no deberíamos caer en ella; nos incapacita para *ser*. ¿Qué pasaría si dejáramos de colaborar en nuestra sostenida reducción como sujetos existentes?

La mujer enajenada sobrevive a su angustia existencial fantaseando para procurar una reparación de su sordo malestar en la entrega continuada a otros, en el ser para otros, en sentirse útil e

---

[39] «Buena parte de la vida la pasamos las mujeres transmitiendo órdenes, regaños, normas, deberes, obligaciones y quejas. La queja constante es una de las más grandes expresiones de la impotencia aprendida en las mujeres; ya sea como comunicación con el mundo, como reclamo o exigencia que se hace no para resolver sino para ser consolada; es una búsqueda de conmiseración, caridad, piedad, o sea, de manifestaciones afectivas de la dominación y no de alternativas». Lagarde y de los Ríos, Marcela: *Para mis socias de la vida*, Madrid, Horas y horas, 2005, p. 98.

[40] «El miedo es el peor enemigo de las mujeres y no es casual que nos hayan enseñado a temer. Sirve para paralizarnos, tenernos a raya, minar nuestras energías y nuestra atención, limitar nuestra imaginación y nuestra creatividad». Alborch, Carmen: *Malas*, Madrid, Aguilar, 2002, p. 57.

[41] «La realidad parece ser más bien que el miedo de las mujeres es una construcción cultural, instituida y mantenida por hombres y mujeres por igual en interés del grupo masculino dominante. Se resalta el mito de la condición de víctimas de las mujeres a fin de mantenerlas bajo control, con objeto de que planifiquen sus actividades, permanezcan siempre al alcance de la vista, comuniquen adónde van, por qué medios, y a qué hora regresarán a casa». Greer, Germaine: *La mujer completa*, Barcelona, Kairós, 2000, pp. 423-424.

importante para ellos, en realizarse con su realización. No en vano se programa al sexo femenino cultural y socialmente para cuidar, alimentar, consolar, apoyar, amar y ayudar a los demás[42]. Y, si la mujer cree que no les da lo suficiente, sufre en su propia estima, considera que está cumpliendo mal su papel. Para que eso no ocurra tiene que ser ilimitada y no autónoma en su modo de vivir, lo cual no deja de reflejar su alienada forma de vivenciarse. Las mujeres estamos preprogramadas para hacernos cargo de la vida de otros, somos las cuidadoras de todo el mundo, y es una noble labor, sin duda. Sin embargo, se vuelve perniciosa para una misma cuando la mujer no se cuida, olvidándose en algún recoveco de su caminar vital. Si cuidamos a otros y nos ignoramos a nosotras mismas no vamos bien. Y si confiamos que los demás nos cuidarán como recompensa por lo que hacemos por ellos, quizás, nos frustremos al no recibirlo —ocurre a menudo[43].

La semejanza de las mujeres en nuestras sociedades patriarcales radica en que se nos considera sobre todo seres para otros y nuestra misión es el cuidado vital de otros. Por eso nos sentimos bien cuando creemos que somos importantes para ellos, que somos indispensables, porque hemos internalizado con éxito nuestro cometido existencial. Las mujeres no somos autónomas en nuestra narración vital; los otros son más importantes y centrales para no-

---

[42] «Las mujeres, que sobre el papel parecen ser el sexo dependiente, están en realidad liadas a un pacto cruel y desigual, que perjudica el modo de vida tanto de hombres como de mujeres. Son educadas para satisfacer las necesidades afectivas de los demás, para responder emocionalmente de sus hijos, maridos, compañeros de trabajo... Les crecen unas antenas afectivas que las alertan sobre las necesidades de los demás. Ayudan a los que tienen junto a sí y procesan las emociones desagradables que surgen en la vida de todos los días. Esta elaboración forma tanto parte de nuestras experiencias que puede incluso pasar desapercibida». Eichenbaum, E. L. y Orbach, S.: *¿Qué quieren las mujeres?*, Madrid, Talasa, 1995, p. 58.

[43] «Las mujeres vivimos tocando puertas, buscando quién nos cuide y por ello tenemos que hacer una reforma política de la vida cotidiana, para no ser construidas —como género ni como personas— sobre un déficit de cuidados». Lagarde y de los Ríos, Marcela: *Para mis socias de la vida*, Madrid, Horas y horas, 2005, p. 92.

sotras, aunque no siempre sea así. Existen muchísimas mujeres y cada una es única e irrepetible; somos diferentes y diversas[44].

A las mujeres se nos educa desde pequeñas para detectar necesidades de otros, para adivinar sus deseos y satisfacerlos; nos adiestran para ser eficaces objetos de transacción, que renuncian voluntariamente a la especificidad de su sexo. La disposición para servir y para someterse se hilvana de manera imperceptible en nuestro ser mujer, obedecemos a los deseos e intereses de los demás incluso antes de que nos lo pidan, nos anticipamos a obedecer. Y así, mediante la continuada renuncia y sumisión existencial, confirmamos el prejuicio de la superioridad masculina, reforzando la diferencia de poder entre los sexos. ¡Ya basta de contribuir a nuestra propia dependencia en el ser! ¡Despertemos de una vez!

No es bueno ni conveniente echarles la culpa de nuestra sumisión vital solo a los hombres. No nos conduce a nada útil. Nosotras mismas la perpetuamos de forma consciente o no en nuestra existencia diaria. Las mujeres tenemos que reaccionar y responsabilizarnos de nuestro cambio en el *ser* mujer. Tenemos que comprender que al adoptar un papel sumiso y dependiente de los deseos de otros obtenemos beneficios a corto plazo en la relación con ellos, mas perdemos en nuestra personal reafirmación existente por no manifestarnos en nuestro ser y, asimismo, perdemos a medio y a largo plazo nuestra propia consideración, respeto y autoestima; nos difuminamos en nuestro *ser* real. Como consecuencia de no respetarnos a nosotras mismas, tampoco nos respetan los demás. De esta aplastante manera suceden las cosas en nuestro vi-

---

[44] «La autonomía vital es una característica de la autonomía que en el esquema tradicional del estereotipo del ser mujer, no existe, es imposible, es antagónica con la constitución del ser mujer. Eso es una parte de lo que somos las mujeres con-temporáneas. A las mujeres se nos configura como madre-esposas para poder ser cónyuges amarradas de por vida a otros seres y para poder ser madres totales de las personas; madres siempre y en todo lugar, y cónyuges toda la vida, de quien pase por ahí, no importa». Lagarde y de los Ríos, Marcela: *Para mis socias de la vida*, Madrid, Horas y horas, 2005, p. 47.

vir día a día[45]. Ya lo decía Platón: «No conozco un camino seguro para el triunfo, pero sí un camino para el fracaso seguro: el querer complacer a todo el mundo»[46].

La enajenación en el ser mujer se entrelaza con la confusión y la ignorancia; confusión en establecer sus propios objetivos, y la ignorancia de quién es una y de lo que realmente desea. Apenas la mujer enajenada tiene ánimos ni tiempo para preguntárselo a sí misma. Sus prioridades son otras y tiene muchas cosas que hacer, incluso cosas, en apariencia, importantes o urgentes. Si lo logra, se siente satisfecha y realizada en su cometido[47]. Sin embargo, la jerárquica desigualdad existencial entre los sexos permanece inalterable. ¿Cómo podría ser de otro modo si la mujer sigue creyendo que servir a los demás es una misión moralmente superior a la de concentrarse en el propio desarrollo como persona?

La servidumbre voluntaria es mucho más difícil de detectar y de combatir que la involuntaria. ¿Es la mujer el Gran Seno para los otros? El tiempo y la energía que las mujeres entregan a los demás en su día a día existente lo restan del total de su tiempo, priorizando las necesidades de los otros a las de su propio desarrollo. Y si no es así, nos consideran y nos consideramos «depravadas» o «malas»; y si no gozamos y somos felices en esta entrega, contentándonos con los éxitos y logros de los otros como si fuesen los nuestros, «egoístas» y «defectuosas». Por eso muchas mujeres se sienten fracasadas si sus otros significativos no alcanzan los objetivos que se

---

[45] «Cada vez que las mujeres se humillan, son buenas o sonríen sin motivo, fortalecen a los que las desprecian y discriminan, y por tanto, se debilitan a sí mismas». Ehrhardt, Ute: *Las chicas buenas van al cielo y las malas a todas partes*, Barcelona, Debolsillo, 2003, p. 179. Y aclara: «Sonreír se convierte en sumisión cuando da a entender lo siguiente: Quiero adaptarme, me humillo, soy buena». ob.cit., p. 179.

[46] Citado en: Ehrhardt, Ute: *...Y son cada vez peores*, Barcelona, Debolsillo, 2003, p. 17.

[47] «Es el hecho de que las mujeres no tengan una identidad propia el que hace que el sexo, el amor, el matrimonio y los hijos parezcan ser los únicos hechos esenciales en la vida de una mujer». Friedan, Betty: *La mística de la feminidad*, Madrid, Cátedra, 2009, p. 435.

marcan, y su autoestima baja; se sienten culpables de no haber hecho bien las cosas que tenían que hacer y fallidas en su vivir[48]. Y cuando las mujeres se sienten culpables por no haber hecho bien las cosas se esfuerzan todavía más en hacerlas bien, en ser perfectas, en adecuarse al ideal vigente en la sociedad de lo que es ser mujer; se comportan como a los otros les gustaría que fueran. No son ellas las que deciden lo que es correcto y adecuado, sino que siguen los supuestos mandatos de los otros, mandatos verbalizados o no, incluso, adivinados por ellas con acierto o sin él. El vínculo de las mujeres con los otros es emocional, aderezado con mucha fantasía, sean sus preceptos compartidos o no por otros. Las fantasías a propósito de cómo deberíamos ser y cómo nos quieren los otros nos conducen a la frustración. Nos sentimos ocupadas por los otros, invadidas por ellos; no nos pertenecemos. No obstante, los otros ni nos invaden ni nos habitan si no lo consentimos. Somos las mujeres las que los instalamos en nuestro interior.

La enajenación en el ser mujer se hilvana en la consigna: «para ser es preciso dejar de ser», la cual internalizamos de manera imperceptible en nuestro proceso de socialización. De nuevo, nos topamos con el autosacrificio y la renuncia a sí misma, a formular un proyecto de vida en primera persona. ¿Y si renunciamos a nosotras mismas en quién nos convertimos? ¿Quién nos queda? ¿Los otros? Los otros tienen su propia vida, que pueden compartir con nosotras o no, pero en cualquier caso es la suya.

La renuncia a sí misma, a formular un proyecto de vida propio se tiñe de malicia, pues se espera de los otros que nos proporcionen aquello que no nos atrevemos a alcanzar por nosotras mismas: poder, valía, libertad de movimientos, vitalidad, sentido... El sacrificio de los deseos de la mujer enajenada tiene un precio, que pagan

---

[48] «Esta inestabilidad de la autoestima se debe a la formación tradicional de género que hace de las mujeres una parte de *los otros*, y hace que tengan una experiencia satelial en torno a *los otros* por ser definidas *seres-para-otros*, en parte colonizadas por sus seres importantes, en parte confundidas y cofundidas con ellas y ellos. Su autoestima está permanentemente mediada por la presencia y la estima de los otros». Lagarde y de los Ríos, Marcela: *Claves feministas para la autoestima de las mujeres*, Madrid, Horas y horas, 2000, p. 183.

también los otros, que son controlados por ella, manipulados en las interacciones en el terreno privado, en las distancias cortas. Muchas mujeres han adquirido tal maestría en esas acciones, que apenas se nota su efecto o consecuencias. Esas mujeres procuran ser amables, seductoras, perfectas..., y entonces consiguen influir desde un segundo plano en los otros. Para eso no dudan en recurrir a la simulación, fingimiento, chantaje emocional..., y compiten unas con otras por el beneplácito y la aprobación del hombre, sin haber logrado la suya propia. Esas mujeres se observan para comprobar que obtienen el efecto deseado con el fin de recibir aquello que quieren de los otros y no para comprender quiénes son ellas mismas y qué desean realmente. Así se completa el maléfico círculo de la confusión, del desentendimiento de sí misma y de la propia existencia como autora y creadora de su narración biográfica; el maléfico círculo de la frustración o descontento perennes. Ese estado anímico de la mujer enajenada desemboca frecuentemente en violencia, más sobre sí misma, pero también sobre los otros, a los que se daña y se perjudica desde el malestar que carcome por dentro[49]. ¿Qué es lo que quieres realmente? ¿Cómo deseas vivir tu tiempo?

La enajenación en el ser mujer se conjuga con ser para otros, y ser para otros implica también ser cuerpo para otros, cuerpo para ser objetivado, valorado o no, reducido a una superficie brillante o no, manipulado y utilizado o no...; cuerpo para uso y disfrute, cuerpo erótico para proporcionar placer a otros, gozando o no en esa acción; cuerpo estético para el agrado de otros en la contem-

---

[49] «Hay una autoviolencia física que se traduce en no saber cuidarnos, entregarnos a una actividad profesional desmesurada, ignorar las señales de fatiga, en la caída en adicciones. El cuerpo entonces somatiza, y protesta. Y hay también una autoviolencia psíquica, simbólica, tan dañina o más que la anterior, que tiene múltiples manifestaciones, entre ellas la de postergar de forma crónica nuestras necesidades propias o ignorarlas o mantener relaciones afectivas dolorosas, denigrantes. La autoviolencia es negación y autoexclusión. La falta de control de emociones intensas, como la rabia, el rencor, el odio, nos hacen daño a nosotros en primer lugar». Alborch, Carmen: *Malas*, Madrid, Aguilar, 2002, pp. 199-200.

plación, en la posesión y exhibición como si de un caro objeto decorativo se tratase; cuerpo reproductivo; cuerpo nutricio; y cuerpo de trabajo, sobre todo del trabajo doméstico... ¿De quién es nuestro cuerpo? ¿A quién pertenece? ¿A los otros? ¿A nosotras mismas?[50] ¿Es posible ignorar que en tiempos de democracia el cuerpo de las mujeres pertenece a las mujeres? Sin embargo, es expuesto a la constante objetivación de las miradas, al uso como un reclamo para vender casi que cualquier cosa, al discurso ajeno, incluso, a la legislación de otros sobre él. ¿Quién es el dueño de nuestro cuerpo? ¿Las mujeres somos los instrumentos simbólicos de la política masculina? ¿Vamos a seguir contribuyendo a que eso sea así?

La irracional aceptación de que nuestro cuerpo-palabra no nos pertenece es un elemento clave de la sujeción de la mujer. Otro elemento importante es el creer que el poder de la mujer radica en su influencia sobre otros, en su dirección sobre ellos y su control. Y como a los hombres lo primero que les llama la atención de las mujeres y les seduce es su aspecto físico, su belleza, ellas conceden una importancia especial a su apariencia. La mujer enajenada invierte muchísimo tiempo en mantenerse bella y esbelta. Su bonito cuerpo es un boleto para el éxito, ascenso social y supuesta felicidad. Apenas le parece importar verse reducida a una apariencia, a un ansiado objeto de adorno a poseer: es un camino para triunfar en la sociedad, de dominar el mundo y ser independiente económicamente. El mensaje es que el poder femenino es la belleza y la juventud[51]. Sin embargo, la mujer bella de nuestras sociedades patriarcales es el símbolo del poder masculino, no corresponde al

---

[50] «La sociedad exige de la mujer que se haga objeto erótico. La finalidad de la moda, a la cual está sujeta, no es revelarla como un individuo autónomo, sino, por el contrario, desprenderla de su trascendencia para ofrecerla como una presa a los deseos masculinos; no se intenta servir sus proyectos, sino trabarlos, por el contrario». de Beauvoir, Simone: *El segundo sexo, vol. 2, La experiencia vivida*, Buenos Aires, Siglo Veinte, 1987, p. 308.

[51] «Una mujer joven y hermosa simboliza en nuestra sociedad y en otras parecidas un poder o vitalidad casi trascendente. Las mujeres se sienten impulsadas a imitarla, y los hombres se sienten impulsados a poseerla». Young-Eisendrath, Polly: *La mujer y el deseo*, Barcelona, Kairós, 2000, p. 49.

poder real del sujeto mujer, todo lo contrario. Los ideales de belleza ejercen una tiranía implacable sobre las mujeres de carne y hueso, las reales.

¿Qué duda cabe que lograr el cuerpo «perfecto» supone un esfuerzo muy grande y mantenido en el tiempo? Se invierte mucha energía para controlarse y esculpir el propio cuerpo, intentando aproximarse a un ideal en su totalidad y en sus partes fraccionadas (pechos, nalgas, nariz, boca, caderas, cintura...). Numerosas mujeres ni siquiera dudan en acudir a la cirugía estética todas las veces que sean necesarias para cumplir el enajenante propósito de alcanzar la aparente «perfección»[52]. La industria de nuestras sociedades consumistas ha captado ese deseo de la mujer y ofrece miles de posibilidades en complementos a adquirir, ropa, cosméticos, etcétera, etcétera... Todo vale para parecer más bella y joven, más seductora, más deseable...

La enajenación femenina no respeta el cuerpo real que somos, «imperfecto» en su viva y cambiante carnalidad. No repara en dañarlo, alimentarlo mal, someterse al martirio de los tacones altísimos, puntas estrechas de zapatos que aprietan y deforman los pies, ropa interior incómoda, faldas que no dejan moverse con libertad... ¿Está de moda? Es lo que importa. Como reza una canción: «¡Antes muerta que sencilla!» Y algunas lo cumplen de verdad.

Sea como sea, el culto de la belleza por parte de las mujeres y un nuevo modelo de sexualidad femenina se han instalado con éxito en nuestras sociedades de consumo. La mujer que se precie debe mostrarse atractiva y sexy. Aparentar es lo principal, no tanto ser. Para ello es válido simular, fingir y olvidar quién es una misma; ni siquiera hay que perder el tiempo en intentar averiguarlo. ¿Para qué? Solo es cuestión de adaptarse a lo que esté en boga, a lo que se espere de una por ser mujer, y todo irá bien... Así, se simula una autoaceptación que no se tiene y se convence a sí misma

---

[52] «Como es lógico, cuando los confines del cuerpo humano quedan atrás y nos adentramos en el reino del simbolismo escultural, no hay más límite que el cielo». Morris, Desmond: *Masculino y Femenino*, Barcelona, Plaza & Janés, 2000, p. 70.

de la supuesta realización personal y triunfo alcanzados. Se simula una falsa autoestima, basada en el reconocimiento y el aplauso de otros, y se va tirando. Aparentemente, la vida marcha bien... No obstante, más allá de la superficie reluciente se atenta contra sí misma, contra la propia identidad y autoestima, contra el desarrollo personal, el orgullo de *ser* y la libertad para *ser*[53].

El culto de la belleza femenina, sus ideales casi imposibles de conseguir, producen una verdadera demolición psicológica de las mujeres, mina su confianza en sí mismas y las enajena en su ser, recordándoles de manera continuada y persistente el orden de las cosas, que las obliga a bajar la cabeza y no mirar con el orgullo de ser. ¿Es eso lo que pretende? ¿El culto de la belleza femenina es un instrumento eficaz de política sexual para mantener a las mujeres entretenidas y concentradas en conseguir ser un objeto a admirar, desear y utilizar, para seguir siendo el segundo sexo que acepta resignado ser dominado por el primero? ¿Hasta cuando las mujeres continuaremos colaborando consciente o inconscientemente en nuestra propia sumisión?[54] ¿Seguiremos deseando ser deseadas y no concentrarnos en ser sujetos existentes con deseos propios y todo el derecho a manifestarlos y procurar su realización? ¿Todo vale con tal de triunfar y trepar socialmente en un mundo centrado en el hombre, también mentir, simular, actuar y defraudar a nosotras mismas? La mujer enajenada en su ser cree que sí. De hecho, la alienación femenina se asocia con el aprendizaje de agachar la cabeza y la acuciante necesidad de atraer y demostrar a sí misma y a otros que es capaz de atraer. ¿Es eso lo que calma las heridas identitarias de la mujer enajenada y disipa su ansiedad

---

[53] «En los últimos años el *inalcanzable* ideal de belleza femenino se ha convertido en una de las armas más efectivas para frenar el progreso de la mujer, una manera muy disimulada de cortarnos las alas, una nueva forma de esclavitud». De Béjar, Sylvia: *Tu sexo es tuyo*, Barcelona, Plaza & Janés, 2001, p. 76.

[54] «Al minar la confianza en sí mismas de las mujeres, al exacerbar el miedo neurótico a sus deseos y a su cuerpo, la "teología" de la belleza contribuye a mantenerlas en una situación de inferioridad psicológica y social, en el marco que supone el hilo conductor del célebre opio del pueblo». Lipovetsky, Gilles: *La tercera mujer*, Barcelona, Anagrama, 1999.

existencial? ¿Es necesario fingir para ser o, por contra, fingir nos impide *ser*? ¿Y qué sucede cuando no se logra parecerse al ideal de belleza imperante en la sociedad, a la musa imaginaria capaz de atraer y dominar a los hombres? La mujer imperfecta se considera fea, se avergüenza de sí misma y siente miedo a ser abandonada; procura desarrollar otras habilidades para agradar a los hombres, para servir a otros. La mujer alienada maldice su suerte y envidia la suerte de otras mujeres, se compara y rivaliza con ellas, incluso les hace faenas desde su sordo malestar en el ser. Está dispuesta a servir a los hombres y a someterse a sus deseos.

Por otra parte, en nuestras sociedades occidentales, el ideal de belleza femenina se encoge cada día más. La mujer bella de hoy en día debe estar delgada, muy delgada. Las tallas de ropa para las mujeres adultas se confunden con las tallas para las adolescentes. Las modelos, que desfilan por las pasarelas y aparecen en las revistas de moda, están delgadas como palillos y tienen aspecto de estar enfermas. Pero para tener éxito y triunfar, cualquier sacrificio es válido. ¿Quién duda de que para estar bella hay que sufrir? Es una de las «verdades» que las mujeres nos acostumbramos a oír desde la tierna niñez. Y nos lo creemos... Además, no pasa nada por sufrir un poco si luego la recompensa merece la pena... ¿Por qué no nos dirán que para ser bella hay que saber lo que quieres, mirar de frente sin bajar la vista y sentirte satisfecha en tu viva piel? Muchas mujeres se ponen a dieta un día sí y otro también. Se sienten descontentas y afligidas por tener el cuerpo que tienen, y se olvidan de *ser* el cuerpo existente que son. La mujer enajenada es una mujer desposeída de sí misma, su proyecto de vida es utópico o, mejor dicho, irreal: vive como si estuviese viviendo.

Por si la pretensión de ser bella y delgada fuera poco, asimismo la mujer tiene que ser joven y no envejecer, o, cuanto menos, aparentar no envejecer. Así, la mujer que aspire a atraer tiene que adoptar actitudes y ademanes juveniles. Algunas representan el papel de eternas menores de edad, demostrando su aparente inmadurez: juegan, coquetean, seducen, abandonan sin sentirse responsables de sus acciones... Pero al no considerarse responsables de sus acciones caen en la dependencia correspondiente a una menor, pierden el control social sobre su propio destino, tornándose, a menudo, marionetas movidas por fuerzas difíciles de entender y, sobre todo, de dominar.

En nuestros tiempos, la juventud femenina ya no se sacraliza como antaño por la actividad reproductiva, por la capacidad de ser madre, sino por la belleza física y el atractivo sexual, por la capacidad de ser deseada por otros. Detrás se vislumbra el atroz miedo a la muerte, que es aprovechado en nuestras sociedades de consumo para vender productos apoyados en la fantasía, huida y engaño de sí mismo. El tener sustituye al ser, cuando es un imposible. Es una mentira que esclaviza a todos aquellos que se la creen, cegándoles por necesidades creadas, que no son tales, confundiéndoles en sus objetivos a conseguir. La verdadera felicidad radica en el ser, no en el tener. ¿Cabe alguna duda?

El miedo a envejecer continúa debilitando a la mujer en su *ser* mujer; tiene que esforzarse para ocultar que ya no es joven[55]. Sin embargo, el derecho a envejecer de un modo natural, sin perder por ello ni valor ni dignidad en el *ser* mujer es un derecho que se vincula con la autonomía de un sujeto existente real, sea del sexo que sea. ¡Basta ya de apreciarnos o despreciarnos en función de nuestra apariencia, ignorando nuestra viva hondura carnal, nuestra condición de sujetos existentes con narración biográfica en primera persona, hecha un cuerpo-palabra real deseante de ser escu-

---

[55] «La sociedad patriarcal elige a las jóvenes y descarga mecanismos de exclusión para quienes no lo son. Más aún, las ideologías vigentes presionan y engrandecen un cierto infantilismo, como en el "lolismo", con la conversión de niñas en jóvenes precoces sexuales o con la exigencia de que las jóvenes se infantilicen. Esto sucede a través de las figuras femeninas del imaginario mediático de la moda y el mercado que reducen las tallas en la ropa de las mujeres jóvenes y adultas y las encorsetan en tallas de púberes. Este hecho no sólo daña la autoestima de las mujeres que no tienen los cuerpos requeridos, sino que atenta contra la salud y la vida como sucede hoy con la bulimia y la anorexia socialmente construidas, que afectan a un número creciente de mujeres y han causado la muerte de muchas otras. El deseo de tener cuerpos así, o de verse así, hace de las mujeres seres sacrificiales obsesionadas por un cuerpo estético imaginario, por ser la fantasía». Lagarde y de los Ríos, Marcela: *Claves feministas para la autoestima de las mujeres*, Madrid, Horas y horas, 2000, p. 112.

chado y tratado con consideración y justicia, con ética y solidaridad existencial! A todos nos iría mejor y nuestra vida en común sería mucho más rica e interesante.

La escalofriante tendencia de las mujeres a la abolición de sí se culmina en su notoria sobrevaloración del amor romántico. Todo se justifica por el amor y el deseo de ser amada. ¿Quién no quiere amar y ser correspondida? Pocas se preguntan si ese amor las esclaviza y las muta en gustosas siervas, incluso cuando nadie se lo pida. La mujer enamorada se pasa horas pensando en su amado, procurando agradarle, hacer mil cosas por él, aunque él no lo espere ni lo desee en realidad. Nada es lo bastante para su amor. Es su oportunidad de ser reconocida y valorada como mujer concreta, única y singular, irremplazable. Una vez más, la mujer orienta sus sueños y deseos hacia el éxito en la relación con otros y no en el éxito en la relación consigo misma. Aprender a ser la mejor amiga de una misma no es su objetivo existencial, sí lo es que los demás la quieran y permanezcan a su lado[56]. La inconsciencia y la apasionada desposesión de sí misma casan bien con la aceptada verdad de que el amor es ciego. Algunas hasta mueren en nombre del amor, olvidándose de sí mismas. Otras viven su tiempo llenas de miedo a perder el amor. No en vano, el amar demasiado es un fenómeno principalmente femenino. Las mujeres estamos programadas para amar, preocuparnos por otros, consolar, ayudar, nutrir y cuidar a los demás[57]. Utilizamos las relaciones para alejar el dolor de no *ser*, de no ser en y por nosotras mismas.

Cabe preguntarse ¿cuál se considera que es la realización personal de una mujer en nuestras sociedades? Ser buena esposa y una buena madre posiblemente sigue prevaleciendo en el imaginario colectivo sobre conseguir ser una persona plena que ha logrado

---

[56] «Las mujeres se autodefinen como el género amoroso; siempre esperamos a los hombres, siempre soñamos con ellos. Los necesitamos para calmar la desgastadora angustia derivada de que no nos han enseñado un sentido de valía independiente o del propio yo». Friday, Nancy: *Sexo: varón*, Barcelona, Argos Vergara, 1981.

[57] Norwood, Robin: *Las mujeres que aman demasiado*, Buenos Aires, Javier Vergara Editor, 2003, p. 18.

desarrollar sus potencialidades y vivir con libertad. Colocar a otros en el primer lugar es un mandato que las mujeres debemos respetar y lo hacemos de manera «natural». Las mujeres que aman se convierten fácilmente en mujeres habitadas y dirigidas por otros, transformándose en su profundidad carnal existente en unas actoras secundarias de sus propias narraciones biográficas; y así pierden su autonomía. No en vano el principal «deber» de las mujeres es amar; se supone que es nuestra realización personal. ¿Y qué ocurre con ser en sí misma?[58] ¿Debemos aceptar gustosas que los otros gobiernen nuestros actos y nuestros sueños, debemos subordinarnos a sus deseos y necesidades? Es más, a menudo lo esperamos de forma consciente o no y lo vivenciamos como lo natural en una mujer adulta responsable. El orden jerárquico tiene que prevalecer: La mujer enamorada debe seguir al hombre que ama, incluso obedecerle como si no tuviese voz propia y cosas que decir por sí misma. Así, poco a poco, la mujer enamorada puede perder el contacto con sus propias palabras, necesidades y deseos; es cuando se cosifica, y se automatiza en el vivir. Si no se siente satisfecha, culpa a otros de su sordo dolor. Ella no se considera responsable en parte de lo que le ocurre, y se convence de que ella no merece ser feliz, que es tan defectuosa e imperfecta que no merece tener los bienes anhelados. La mujer enamorada que se frustra se victimiza en su carencia. Haga lo que haga resulta fallido o insuficiente. Por eso no la aman como a ella le gustaría, se dice. Sin embargo, es una persona completa en sí misma, solo tiene que creérselo. Puede conseguir sentirse feliz en sí misma y compartirlo o no con otros. El sufrimiento, en contra de lo que se nos ha enseñado, no tiene

---

[58] «Amar es el principal deber de las mujeres. ¿Qué debemos ser las mujeres? Debemos ser seres del amor. Y esto, como un mandato cultural, no como una opción, no por nuestra voluntad, sino porque es el deber ser que culturalmente se nos ha asignado, el deber ser que socialmente ha sido construido en cada mujer. El sentido de la vida, la filosofía de género de las mujeres, tiene que ver con lograr los objetivos amorosos para los que ha sido educada. Al vivir, cada una de nosotras vamos transfigurándonos en seres del amor, aunque no nos demos cuenta de este proceso». Lagarde y de los Ríos, Marcela: *Para mis socias de la vida*, Madrid, Horas y horas, 2005, p. 348.

que acompañar necesariamente al amor, tampoco te ennoblece; no es una virtud. A menudo es la consecuencia de la inconsciencia en el ser y la ignorancia del propio valor como cuerpo-palabra real —una vida hecha carne sexuada y sexual, un canto de libertad y de creación constante, de luz en el mirar con orgullo de *ser* mujer.

La mujer enajenada en su ser cree que el amor romántico lo justifica casi todo; cree que lo más importante es tenerlo y no lo que ocurre en ese amor, lo que te sucede en la relación amorosa, ni lo que tienes que hacer para conservarla. Está embelesada en su cautiverio, acepta sin dudar sus disposiciones y «verdades» patriarcales. Y si hace falta salirse de la piel de una misma, pues se sale sin titubear, tensándose sobremanera en el día a día. El amor que siente debe poder con todo. ¿Hay algo mejor? Otras formas de satisfacción, que la vida le pueda ofrecer, no tienen tanto interés para ella. La mujer enajenada se difumina en su sexuada piel, se cosifica y aguanta lo que le ha tocado en suerte, también las malas contestaciones, la insolidaridad, las muestras de falta de respeto, los insultos e, incluso, las agresiones físicas. «La vida es así», se dice. Pero la vida es como la hacemos día a día, puede cambiar en cualquier momento, si es eso lo que queremos. Es difícil, puesto que los humanos somos seres vivos que nos habituamos a nuestras condiciones de vida, y hasta llegamos a sentirnos «seguros» en la precariedad existencial, si es lo que conocemos. Sin embargo se puede conseguir transformar nuestra realidad partiendo de una transformación personal, del cambio en nosotras mismas existentes. Es nuestra tarea. Nadie lo va a hacer por nosotras. ¿Qué pasaría si las mujeres no consintiéramos la insolidaridad con nosotras en la existencia cotidiana, ni las muestras de falta de respeto por parte de otros?

La mujer enajenada se abstrae en su vivir, ignora la carnalidad sintiente y deseante que es, no se conoce ni pretende conocerse en un intento sustitutorio para preservar su sueño de inmortalidad egoica. Percibe su cuerpo-palabra como a un extraño, que a veces molesta, duele, inquieta y sorprende. Es la ignorancia de lo que es y, puestos a ignorar, lo que más se ignora es nuestra condición sexuada y sexual, dotándola de inciertos significados vigentes en la sociedad, los cuales no clarifican sino confunden, enturbian y conducen a la infelicidad en el ser mujer[59]. De nuevo, el olvido de sí, la renuncia, la adaptación a lo establecido, la conformidad con lo dado y el fingimiento dominan las vivencias sexuales de una mujer enajenada.

Las mujeres, en nuestro proceso de socialización, aprendemos desde niñas a relacionar nuestra condición sexual con la vergüenza, no con la dignidad ni con el orgullo de ser mujer. La impureza y el pecado, atribuidos a lo sexual, son más acentuados en relación con el ser mujer. Se nos considera culpables de tentar, de provocar y seducir. Se nos reprime, se nos controla y se nos anula como seres sexuados y sexuales diferenciados, ignorando nuestra particularidad en el *ser* sexuales. Como resultado, se obtiene unas mujeres cosificadas, que se conforman con representar el papel de objeto sexual y no de sujeto. Y si nos aventuramos a salirnos de nuestro inducido desempeño, nos sentimos culpables y tememos ser castigadas al no conseguir el efecto deseado en el otro, al no ser «buenas chicas». Parece un maléfico hechizo, que conduce a la mujer a la carencia y al vacío en el ser, al continuado e inexplicable sufrimiento en la ignorancia de sí. Le promete que si abdica de su identidad, de su diferencia específica en el ser sexual, se realizará como persona social y será aceptada, valorada y feliz en la sociedad. Será una mujer adaptada a su entorno y tiempo, y será deseada por los hombres, que es lo que más importa[60].

---

[59] «La versión mítica de la mujer como origen del sufrimiento humano, del saber y del pecado, condiciona aún hoy en día las actitudes sexuales, por representar el argumento central de la tradición patriarcal de Occidente». Millett, Kate: *Política sexual*, Madrid, Cátedra, 1995, p. 115.

[60] «Ahora que la educación, la libertad, el derecho a trabajar en las grandes fronteras humanas —todos los caminos a través de los cuales los hombres se han autorrealizado— están abiertos a las mujeres, sólo la sombra del pasado preservada a través de la mística de la realización femenina impide a las mujeres hallar su camino. La mística les promete a las mujeres la realización sexual si abdican de su identidad». Friedan, Betty: *La mística de la feminidad*, Madrid, Cátedra, 2009, p. 391.

Los significados que definen la sexualidad femenina se forman en esa realidad de vacío sexual identitario propio y en la consideración de la mujer como cuerpo sexual para otros. Es una sexualidad expropiada por lo «masculino», distorsionada en sus «verdades» explicativas, repetidas mil y una veces por los profanos y por los expertos, acatadas por las instituciones y legislaciones..., hasta que performen el cuerpo-palabra que somos. No en vano la gestión de la sexualidad femenina y de la reproducción es clave para la sujeción de la mujer en una sociedad patriarcal y su represión como individuo carnal —un sujeto existente sexual de pleno derecho a la disposición de sí[61]—. La represión, coerción, opresión y dominación sustituyen a la necesidad humana más básica: la de reconocimiento, aceptación, respeto y apoyo solidario en el existir real, la de conectar desde la viva unión de piel con piel sintiente.

El poder sobre otro ser humano se instala a sus anchas en las relaciones entre los individuos sexuados y sexuales, que siguen sus mandatos jerárquicos. Así, los hombres, de manera natural, tienden a dominar a las mujeres, y estas, a someterse o a disputarles el dominio por medio de diversas formas indirectas, a menudo, apenas perceptibles, como si robaran lo que no se les ha dado libremente. El dominio sobre otro excita y seduce a ambos sexos, sacia con el espejismo de poder causar daño e, incluso, destruir a otro ser humano, engañando la propia impotencia en el vivir. El afán de dominar enmascara la propia sensación de impotencia e inse-

---

[61] «En cuanto a la sexualidad femenina, siempre objeto de control y manipulación en todo patriarcado, la diferencia entre la coerción y el consentimiento se ofrece en múltiples ejemplos. En todas las sociedades conocidas, el colectivo masculino goza de mayor libertad sexual. Este fenómeno dio origen a lo que se suele llamar la doble moral sexual: una para hombres y otra para mujeres. Además, son los varones quienes a través de su hegemonía política y religiosa controlan el ritmo de embarazos de las mujeres con diversas normativas sobre prácticas anticonceptivas y aborto, así como por medio de concepciones populares o supuestamente científicas sobre lo que deben ser las prácticas sexuales normales». Amorós, Celia (editora): *Diez palabras clave sobre mujer*, Estella, Verbo Divino, 1995, p. 34,(«Patriarcado» Alicia H. Puleo).

guridad; la dominación se erotiza y se acepta como «normal»[62]. Es una importante fuente de nuestras desdichas.

Vivimos en un mundo de imaginación sexual masculina. En él, la mujer oscila entre una persona fría e indiferente a todo lo sexual y una insaciable «comehombres», entre una mujer asexuada y una hipersexual. ¿Qué significa desde la interpretación masculina ser una mujer sexual? Y para una mujer, ¿qué significa ser sexual? En cualquier caso, el poder erótico de la mujer se mide en función de su efecto sobre el hombre. Los significados sexuales nacen en ese mirar, pensar y soñar masculinos. La mujer los acepta como propios y los utiliza para explicarse a sí misma, confundiéndose en su ser[63].

El modelo de sexualidad femenina reconocido como normal en nuestras sociedades patriarcales es el que responde al modelo de sexualidad masculina, es su complementario, es el que da la primacía al placer masculino, a sus necesidades y deseos. Para asegurar que las cosas vayan por los cauces establecidos se erige a la mujer complementaria sobre un seductor pedestal, se la glorifica ocultando que se la muta en un objeto sexual complaciente y contento al satisfacer a su compañero. Aunque eso está cambiando.

Los significados, que ponen límites a la comprensión e inteligibilidad de la sexualidad femenina, se establecen desde una extrapolación conceptual, aceptando el sexo masculino como prototipo sexual por antonomasia. De esta manera, los significados femeni-

---

[62] «Debido a que la erotización de la violencia y la dominación ha sido un aspecto central en la construcción social del sexo durante milenios de historia dominadora, la mayoría de nosotros —y no sólo mujeres y hombres involucrados activamente en la subcultura sadomasoquista— nos excitamos sexualmente en distintos grados con las fantasías sadomasoquistas. En otras palabras, nos afecta a todos inconscientemente». Eisler, Riane: *Placer sagrado. Vol 2: Nuevos Caminos hacia el Empoderamiento y el Amor*, Santiago de Chile, Cuatro Vientos, 1998, p. 61. Y añade: «La erotización de la supremacía masculina permite que la desigualdad se experimente como sexo», p. 108.

[63] «Aunque nos cueste aceptarlo, la sexualidad femenina sigue rigiéndose por el modelo masculino, lo que ha hecho sentirse culpables y defectuosas a miles de mujeres de todas las latitudes». Politzer, Patricia y Weinstein, Eugenia: *Mujeres: la sexualidad oculta*, Barcelona, Grijalbo, 2005, p. 30.

nos específicos simplemente no existen, condenando la comprensión a una confusión de partida. ¿Puede existir un significado sin la definición correspondiente ni una interpretación conceptual que lo refrende, sin una palabra que lo represente? ¿Cómo un sujeto puede nombrar algo y dotarle de sentido si no existe una palabra concreta para ello? ¿Cómo se puede comunicar lo que se quiere y tener un discurso a propósito de ello sin nombrarlo? Así, de forma sutil, se actualizan «verdades» y conceptos, los cuales pueblan un campo de inteligibilidad, ocultando en lo no manifiesto otras verdades sin nombre, que, aunque invisibles o no nombradas, existen y causan sus efectos. Uno puede ignorar ciertas cosas, pero no por eso desaparecen, siguen estando ahí ignoradas en su verdad. Podemos desenvolvernos incluso con aparente acierto en una visión de la realidad, mas eso no quiere decir que no caben otras visiones partiendo de diferentes premisas conceptuales o significados. Los significados que gobiernan el campo sexual femenino aluden sobre todo al placer, deseo y hacer amatorio de los hombres. La mujer es una ausente en su propia inteligibilidad como ser humano sexual, salvo como compañera deseante de que la deseen, metamorfoseada a menudo en eficaz máquina sexual, y/o feliz madre. La mujer enajenada se conforma con lo que hay y no se pregunta sobre lo que realmente desea: ella desea ser deseada por él y está decidida a pagar lo que sea para conseguirlo. La han preprogramado desde pequeña para actuar así. La mujer enajenada cree que este es su éxito existencial. Si la desaprueban, si la rechazan como pareja, ha fracasado.

Con frecuencia, las mujeres intercambian su hacer sexual por reconocimiento, visibilidad, favores, bienes, amor... Ese hacer se convierte en un medio instrumental para conseguir algo que anhelan: un amor, una familia, un ascenso profesional o, simplemente, matar el tedio en el vivir. El encuentro sexual es un ritual que las mujeres enajenadas tienen que seguir para obtener algo a cambio. Los hombres lo desean y lo necesitan; ellas pueden proporcionarlo. ¿Por qué no? Es fácil, desde luego mucho más que averiguar qué es lo que realmente se desea y quién es una misma en su piel de mujer. La trivialización del sexo, imperante en nuestras sociedades consumistas, favorece la inconsciencia en el ser y en el hacer, propiciando que las mujeres nos convirtamos en una especie de mercancías sexuales, capaces de ofrecer transacciones placenteras y servicios para disminuir la tensión cotidiana y la ansiedad existencial de otros[64]. Se supone que la obligación de cualquier mujer amante que se precie es descubrir cómo avivar el amor y satisfacer el placer y los deseos de su compañero. Si lo hace, seguro que él la amará y no buscará a otra para sustituirla en su lecho. Si es bueno para él, es bueno para ella. Es lo normal... ¿Es lo normal?[65]

La servidumbre voluntaria es mucho más devastadora para el individuo que la involuntaria, le vacía en su identidad. Perseguir placeres efímeros entretiene y ocupa, impidiendo a la mujer descubrir lo que realmente quiere y le gusta, aquello con lo que de veras disfruta. El miedo ata, también las mentiras que nos han contado desde pequeñas y que acatamos para ser «buenas chicas», tengamos la edad que tengamos. La aprendida timidez en nuestro proceso de socialización tampoco ayuda para oponernos a lo dado y no consentir en el olvido de sí, prescindiendo, al infravalorarnos, de las necesidades de los cuerpos-palabra femeninos que somos. Nos transmutamos en siervas sexuales al sentirnos temerosas de expresarnos como personas sexuales específicas, diferentes a los hombres, nuestros compañeros en el vivir. Las mujeres apren-

---

[64] «La servidumbre involuntaria es esclavitud, sean o no servicios sexuales. Pero la erotización de la dominación nos ha condicionado a aceptar la servidumbre sexual de la mujer no sólo como normal sino excitante. Y también ha oscurecido el hecho de que esta servidumbre ha ido histórica y transculturalmente de la mano con la esclavitud político-económica de mujeres y hombres». Eisler, Riane: *Placer sagrado. Vol 2: Nuevos Caminos hacia el Empoderamiento y el Amor*, Santiago de Chile, Cuatro Vientos, 1998, p. 55.

[65] «¿Por qué las mujeres satisfacen tan habitualmente las necesidades de los hombres durante el sexo e ignoran las suyas propias? El hecho es que el papel de la mujer en el sexo, como en cualquier otro aspecto de la vida, ha sido el servir a las necesidades de los demás: hombres e hijos. Y, del mismo modo como las mujeres no reconocieron su opresión en un sentido general hasta recientemente, asimismo la esclavitud sexual ha sido una forma de vida casi inconsciente para la mayoría de las mujeres». Hite, Shere: *El informe Hite. Estudio de la sexualidad femenina*, Madrid, Suma de Letras, 2002, pp. 470-471.

demos a sentirnos obligadas a satisfacer sus necesidades ignorando las nuestras, desoyendo nuestros deseos, desvirtuando lo que somos —personas completas en el proceso de vivir, sujetos existentes con la libertad de decidir y elegir, en la medida de lo posible, nuestra propia existencia.

Pero para cambiar lo que se desee cambiar hay que darse cuenta; la ignorancia no es buena consejera en el caminar existencial, la inconsciencia tampoco. La enajenación en el ser mujer nos conduce a la frustración de la vida que somos, a una sorda y desestructurante infelicidad en el ser. Merece la pena emplear el tiempo que se necesite para transformar la alienación en lucidez, en claridad de pensamiento, que nutrirán acciones con sentido y propósito fortalecedor en el ser cuerpo-palabra mujer, en llegar a *ser* en plenitud.

2. LA DISOCIACIÓN EN EL SER MUJER

Lo genérico femenino se construye a distancia del sujeto mujer, sin embargo, cada mujer está habitada por los significados y el sentido que se le atribuyen a lo femenino en la sociedad, por la supuesta esencia de mujer. ¿Cómo se definen esos significados? Como cualquier representación colectiva, condensando lo semejante común y difuminando o, incluso, marginando lo dispar. ¿Quién lo hace? El observador, el autor del discurso. Es él quien describe y nombra desde su mirar con una visión de la realidad propia, que es asumida como la existente, es percibida y aprehendida. Se trata de una visión de la realidad que tiene sentido para él, resultante de subrayar, de forma consciente o no, algunas cosas y dejar sin percibir otras.

Además, generalmente, las definiciones separan por parejas de términos opuestos, como, por ejemplo, bueno o malo, pasivo o activo, maduro o inmaduro... Son dicotomías propias de un pensamiento racional, en el cual, las características de lo masculino y de lo femenino se perciben como contrarias y excluyentes. Siguen las reglas de lo simbólico, donde las cosas son o no son. Por contra, en el mundo real, las cosas son en sí y las intentamos aprehender y explicar con las palabras que poseemos. Si no lo logramos, las cosas y las personas no desaparecen por arte de magia, persisten ejerciendo su efecto aunque no nos demos cuenta de su existencia y atribuyamos su acción a otras causas comprensibles, contempladas y percibidas.

Las cosas que conocemos y esperamos se perciben con mayor facilidad y claridad. Lo que no se ajusta a la visión de la realidad del observador no se espera y pasa desapercibido. Incluso cuando no es así y se percibe, se olvida antes. Se ve más lo que se está acostumbrado a ver, y se registra lo que se espera percibir; tanto, que las excepciones confirman la regla y se olvidan fácilmente, porque nuestra memoria es selectiva[66].

En las sociedades patriarcales, las mujeres son seres percibidos desde el mirar y nombrar de los hombres. En estas sociedades, la dominación masculina imperante y apenas perceptible, pues se vive como normal, las convierte con demasiada frecuencia en objetos simbólicos, cuyo sentido se construye al margen de ellas mismas. Como consecuencia, se dificulta su acceso a la categoría de individuo —un sujeto existente con pleno derecho a *ser*—, relegando a las mujeres concretas a lo genérico común, condenándolas a enmudecer en su particular decir[67]. Así, la mujer se torna un ser frente al cual el hombre posee el derecho de juzgar, criticar y exigir desde las alturas de la normativa objetiva[68]. La mujer se disocia

---

[66] Ehrhardt, Ute: *Las chicas buenas van al cielo y las malas a todas partes*, Barcelona, Debolsillo, 2003, p. 90.

[67] «Para acceder a la posición de sujetos, las mujeres tienen que identificarse con la forma universal, que es la de lo masculino y negar por tanto lo específico de su género invalidando la diferencia. Esta diferencia se convierte en aquello de lo que no se puede hablar, en lo que no se llega a mencionar, no en virtud de una imposibilidad metafísica, sino como resultado de un preciso interdicto histórico. La experiencia que las mujeres tienen de la diferencia sexual ha sido siempre lo no dicho de la cultura masculina, lo no dicho desde el punto de vista histórico, no su indecible ontológico». Violi, Patrizia: *El infinito singular*, Madrid, Cátedra, 1991, p. 14.

[68] Simmel, Georg: *Cultura femenina y otros ensayos*, Barcelona, Alba, 1999, p. 78.

de su discurso[69]. Para ser escuchada y aceptada tiene que adoptar un discurso comprensible o, sencillamente, abstenerse de elaborar el propio por no encajar en el imperante y normal. Tiene que ser como supuestamente son las mujeres o intentar parecerse a los hombres desde su sentida inferioridad existencial. De esta forma, la ambivalencia respecto a sí misma y a lo «femenino» pasa a instalarse en su hondura carnal existente[70].

Como efecto de su dependencia simbólica, la mujer adquiere un imperceptible y permanente estado de inseguridad corporal. La miseria simbólica degrada y su efecto no desaparece al ignorarla o no percibirla. El *ser* es sustituido por parecer. La identidad de la mujer se resiente en su carencia; una profunda ansiedad existencial se hilvana en el cuerpo-palabra que es. El sentido de autovalía de la mujer sufre, su autoestima también. No confía en sus propias fuerzas para *ser* y, ya se sabe que, por lo general, cuando se cree en algo se facilita que ocurra, que se vuelva una realidad, es decir, si la mujer no confía en sus propias fuerzas seguramente se comportará como si eso fuese verdad, decidirá y actuará en consecuencia.

De esta manera, la mirada de la mujer disociada de sí misma se dirige hacia otros. Les necesita para completarse, para adquirir una identidad como sujeto. La rica complejidad de la mujer como cuerpo-palabra existente permanece ignorada, no desvelada ni para ella misma ni para otros. Mecida en la invisibilidad social, aprisionada por la miseria simbólica en su ser, la mujer se vuelca

---

[69] «Eso es lo que se enuncia con claridad. Las mujeres están en posición de exclusión. Algo de lo que pueden quejarse»... «Esa exclusión es *interna* respecto a un orden del que nada escaparía: el de su discurso. A la objeción de que tal vez él no lo es todo, se responderá que son ellas las que son "no-todas"». Irigaray, Luce: *Ese sexo que no es uno*, Madrid, Akal, 2009, p. 66.

[70] «Sin un plano de representación simbólica —ésta es la cuestión— que sostenga la libertad y la fuerza femenina, la regla continúa siendo la sujeción al padre, a sus leyes, a sus valores. La mujer emancipada infringe aparentemente esa regla pero no la anula; por el contrario, la confirma pasándose simplemente, en la medida de lo posible, al "otro lado", en el que estará constreñida a sentirse y a verse como "ser imperfecto" y, por lo tanto, en la mayoría de los casos, a limitar las ambiciones, a automoderarse, a contentarse». Bocchetti, Alessandra: *Lo que quiere una mujer*, Madrid, Cátedra, 1999, p. 196.

en el cuidar, agradar y amar a otros, destacando algunos aspectos de su identidad como si fuesen características totalizantes. Sin embargo, un rasgo es solo eso; cobra su sentido en la totalidad, acoplado a otros rasgos y en relación con ellos. Luego los rasgos no son entendibles fuera de su conjunto, y menos, pueden reemplazar la totalidad. El individuo tiene intención de sobrevivir en su medio, también en su medio social; por eso procura adaptarse. Expresa más algunas de sus potencialidades y deja sin apenas manifestar otras. El medio en que vivimos condiciona la manifestación de nuestras cualidades dejando algunas en el olvido.

Así, sostener que la mujer es la Naturaleza, es sobre todo Madre, la Tierra nutricia, es ya tomar partido[71]. Tanto los hombres como las mujeres somos naturalezas culturizadas y socializadas. Cada individuo es una persona completa en sí misma, aunque para *ser* tengamos que relacionarnos y comunicarnos unos con otros. Todos podemos cuidar de otros, de hecho a nuestra manera lo hacemos. Todos podemos nutrir y amar, eso no es patrimonio de las mujeres. Y todos podemos aprender a cuidarnos, a nutrirnos y a amarnos a nosotros mismos, aunque quizás sea una asignatura difícil, sobre todo para las mujeres.

Tradicionalmente, las mujeres han encontrado su identidad en las relaciones y no en sí mismas, se han disociado del cuerpo-palabra existente que son. Se han definido como esposas, madres,

---

[71] «La razón es simple: quienes definieron la "naturaleza femenina" tuvieron cuidado de hacerlo de manera tal que implicara todas las características de la buena madre. Eso es lo que hacen Rousseau y Freud, que con ciento cincuenta años de distancia elaboran una imagen de la mujer singularmente coincidente: destacan su sentido de abnegación y el sacrificio, que según ellos caracteriza a la mujer "normal". Si voces tan autorizadas las encerraban en ese esquema ¿cómo podrían las mujeres huir de lo que se convenía en llamar su "naturaleza"? O trataban de "coincidir" lo mejor posible con el modelo ordenado, fortaleciendo en consecuencia su autoridad, o intentaban tomar distancia respecto de él y lo pagaban muy caro. Tachada de egoísta, de malvada, hasta de desequilibrada, la mujer que desafiaba la ideología dominante no tenía otra alternativa que asumir mejor o peor su "anomalía". Ahora bien, es difícil vivir la anomalía, como es difícil vivir toda diferencia». Badinter, Elisabeth: *¿Existe el amor maternal?*, Barcelona, Paidós/Pomaire, 1981, p. 198.

amantes, hijas... Eran los otros los que las definían en su ser social, tanto en el espacio privado como en el público. Su sentido de valía dependía de otros, de desempeñar su papel, su útil cometido en la vida para que el orden establecido perdurara en el tiempo. No obstante, lo creamos o no, nuestra vida pertenece a nosotras mismas y nuestra identidad sexual como mujeres sexuadas que somos, también. No es la de la musa, ni de la esposa, madre o amante. Es la nuestra propia por existir como individuos reales, con todo el derecho al propio desarrollo como personas que somos[72].

En el proceso de socialización de la mujer, se nos inculca identificarnos con el papel de entrega a los demás, de atenderlos y comprenderlos, de pensar en nosotras en el último lugar... Las mujeres internalizamos que las chicas buenas son así y, por lo general, deseamos ser consideradas como buenas, no como malas. Llega un momento en que algunas no establecen los límites entre ellas mismas y los otros próximos. No en vano nutrir a otros es lo correcto y lo propio de ser mujer. Nadie lo duda en nuestras culturas patriarcales. En estas, el contrato socio-simbólico para el sexo femenino es el contrato sacrificial. La mujer debe honrar su «santo cometido». Debe aprender a conformarse y abnegar de sí misma, negando lo que es para ser visible y aceptada por los otros. Teme ser desaprobada por ellos y rechazada, teme quedarse sola. Cree que si se adapta y se somete, contentará a los otros y será feliz en su existencia. Ser para otros es su manera de manifestar que existe. Ser mujer y ser para sí es una dulce quimera incluso hoy. Las chicas buenas no sueñan con eso. La relación de dependencia respecto de los demás se instala en el cuerpo-palabra femenino, que se centra más en las relaciones que establece con los otros que en sí misma y en la relación consigo misma. Así, renuncia a sí misma y se vuelve servil, se somete en su existir día a día; su vida son sus afectos[73].

---

[72] «Si la mujer es un ser para otros y nunca un ser para sí, debemos convenir en que, en tiempos democráticos, esto es difícil de justificar». Fraisse, Geneviève: *Musa de la razón*, Madrid, Cátedra, 1991, p. 77.

[73] «Desde sus primeros años se educa a toda mujer en la creencia de que el ideal de su carácter es el opuesto al del hombre: nada de determinación y de

Su «yo» se fractura y la mujer se disocia en su hondura carnal existente; se autoanula olvidándose de sí misma, de sus necesidades y de sus deseos.

El centrar la atención de la mujer en los afectos y las relaciones es un eficaz regulador estratégico de la biografía femenina, que conduce a su sujeción de por vida a los otros, queridos o no; convierte a las mujeres en buenas colaboradoras de su propia sumisión[74]. La mujer disociada de sí misma se vuelve ilimitada. Cree que lo que les ocurre a otros es más importante que lo que le ocurre a ella. Se vuelca en el cuidado de los demás, olvidándose de sí misma. Siempre hay alguien que la necesita, ella es para otros, aparentemente indispensable para ellos. ¿Es eso cierto? Muchas mujeres comprueban con amargura que no es así, que se creían una fábula que les ha hecho daño, aunque no siempre, porque el cuidado de otros te posibilita expresar el amor que hay en ti, también te forma, es hermoso y te realiza... Todo eso es cierto, pero no cuando se asocia con el olvido de sí y la autoanulación.

La dependencia se torna nociva cuando necesitamos vitalmente a otros para completarnos, cuando nuestra identidad se centra en el papel que desempeñamos en relación con ellos y no en nosotras mismas; es entonces cuando perdemos nuestra autonomía[75]. La mujer que dirige su atención sobre todo a los afectos se deja co-

---

dominio de sí misma, sino sumisión y cesión al dominio de los otros. Todas las enseñanzas morales le dicen que éste es el deber de las mujeres y todos los sentimentalismos, que ésta es su naturaleza: vivir para los otros; renunciar completamente a sí misma y no tener más vida que sus afectos. Y por sus afectos se entienden sólo los que se le permite tener, los dedicados al hombre con el que está unida o a los hijos que constituyen el lazo adicional e irrevocable entre ella y un hombre». Mill, John Stuart y Taylor Mill, Harriet: *Ensayos sobre la igualdad sexual*, Madrid, Cátedra, 2001, p. 164.

[74] «Lo mismo que las mujeres solían ser inconscientes de los poderosos efectos que tenían en ellas los estereotipos culturales, pueden también ser inconscientes de los poderosas fuerzas internas que influyen en lo que hacen y en cómo se sienten». Bolen, Jean Shinoda: *Las diosas de cada mujer*, Barcelona, Kairós, 1998, p. 19.

[75] «La autonomía pasa por una revisión estricta de los valores con los que definimos nuestra identidad. Si no los revisamos creeremos fantásticamente que

lonizar fácilmente por sus otros queridos. Es como si habitaran en ella y la gobernaran desde su sintiente profundidad carnal. No en vano, en nuestras sociedades patriarcales, se fomenta que la mujer sea amorosa; sin embargo, su capacidad de amar debe dirigirse a los otros, no a sí misma en el vivir. El amor a una misma no caracteriza a las mujeres, que se dejan embaucar por los mandatos patriarcales. Sí cabe sustituirlo por el orgullo de sentirse exitosa en el desempeño de su papel, en las tareas que debe realizar, en el cuidado de los otros y del hogar como una prolongación de una misma[76]. No obstante, la casa, por muy bonita y limpia que esté, no es la persona, no es la mujer existente, es la casa en la que vive. El tener no sustituye al ser.

Si la mujer se encierra en su hogar se limita en su narración existente, en la expresión de sí misma como una persona completa en su singularidad. Las mujeres que se quedan en casa y no se forman profesionalmente siempre tienen algo que hacer, ordenar, limpiar, cocinar..., siempre están ocupadas, pero no en nada significativo o expresivo de lo que son en su totalidad, aunque sí creo que educar y sacar adelante a los hijos es la labor más difícil y creativa que existe para un ser humano. A pesar de ello, las mujeres que se quedan en casa constriñen su experiencia de vida a un espacio reducido —el privado—. Se agotan en tareas repetitivas, frecuentemente poco gratificantes. De todas formas, las ejecutan movidas por el amor hacia sus seres significativos y por el amor propio, para no parecer una mala mujer, una mala esposa o/y madre a sus propios ojos ni tampoco a los ojos de los otros. Nadie podrá señalarlas

---

sólo somos una parte de nosotras». Lagarde y de los Ríos, Marcela: *Para mis socias de la vida*, Madrid, Horas y horas, 2005, p. 53.

[76] «Al celebrar el poder del sentimiento sobre la mujer, al definirla en función del amor, los modernos han legitimado su confinamiento a la esfera privada; la ideología del amor ha contribuido a reproducir la representación social de la mujer dependiente del hombre por naturaleza, incapaz de acceder a la plena soberanía de sí». Lipovetsky, Gilles: *La tercera mujer*, Barcelona, Anagrama, 1999.

con el dedo y decir que son unas dejadas[77]. Nadie les podrá sacar los colores por no haber hecho bien las cosas. ¿Y el propio desarrollo, la formación de una misma como una persona completa? ¿Alguien lo podrá realizar por ellas?

La mujer actual se debate en una doble polaridad, la privada y la pública, o, mejor dicho, la familiar y la profesional. Suele darle más importancia a su familia y acopla a ella, con mayor o menor éxito, la profesional. Si tiene suerte de contar con la colaboración de otros que le ayuden, esta tarea resulta menos costosa y agotadora. Si no es así, su vida se torna un proyecto difícilmente realizable[78]. Y cuando la mujer no logra cumplir sus propias expectativas, se siente culpable por no haber hecho lo suficiente, por ser defectuosa, por fracasar... Se esfuerza más y más. Se concentra en dar. Recibir le es cada vez más difícil. Ni siquiera considera que se lo merezca. ¿Y la vida privada de la mujer, la suya propia, dónde

---

[77] «Se considera normal que un hombre sea dejado y desaliñado; a la mujer que sea lo uno o lo otro se la tacha de guarra y haragana. Una mujer que va sucia es despreciable. El atributo externo se convierte en una cualidad moral, cosa que no ocurre en el caso de un hombre. La asociación opera en ambos sentidos: la mujer que se enorgullece de su casa equipara su hogar inmaculado con su personalidad virtuosa y basa su sentimiento de valía personal en el orden de sus armarios más que en sus cualidades intelectuales o anímicas». Greer, Germaine: *La mujer completa*, Barcelona, Kairós, 2000, pp. 211-212.

[78] «Se crea así un pluriempleo femenino, evidente en la vida de la mujer casada y con familia, verdaderamente terrorífico, y las responsabilidades femeninas se amplían. Hay que hacer de cocinera, limpiadora, ama de llaves, experta en mantenimiento y organizadora de las necesidades de toda la familia, pero también hacer de chófer, enfermera, psicóloga, educadora, profesora particular, experta en improvisación y servicios de todo tipo, niñera y gerontóloga, porque suelen ser las mujeres las que se ocupan de los padres mayores, y, además, traer un sueldo para vivir mejor.

»Si a todo eso añadimos la obligatoriedad de ser una amante inigualable y una seductora de acuerdo con el modelo de belleza imperante, además de ama de casa perfecta y de empleada ejemplar, la vida de la mujer a finales del siglo XX resulta un completo proyecto utópico, capaz de desatar toda clase de frustraciones y neurosis. El ideal expuesto es un diseño de supermujer totalmente inalcanzable, pero se entroniza socialmente como lo deseable». Rivière, Margarita: *El mundo según las mujeres*, Madrid, Aguilar, 2000, pp. 76-77.

queda? No tiene tiempo para eso. Siempre tiene mucho que hacer. Apenas puede relajarse y parar para pensar en ello. Siempre hay problemas que resolver y deberes inaplazables. Descubrir qué vida desea llevar no se plantea como un objetivo a conseguir. ¿Cuál es su sagrada tarea? Cuidar de otros, está claro. Su tiempo no le pertenece a ella. Una vez más, para ser hay que dejar de ser.

La mujer disociada de sí misma se frustra en su carnalidad. Una sorda desazón se hilvana en el cuerpo-palabra que es, y puede que la conduzca a sentir rabia y resentimiento. Mas la rabia no está bien vista en la mujer, no es una emoción que la caracterice como tal, no encaja en su estereotipo. La mujer disociada de sí misma puede deprimirse o enfermar. ¿La enfermedad es una desesperada llamada del cuerpo-palabra para ser oído por ella? El absorbente papel de madre y/o esposa sorprendentemente no le hace sentirse plena en su vivir día a día. ¿Qué hacer? ¿Someterse, acallar el descontento y la desposesión y tornarse un ángel sin alas? ¿O, por contra, rebelarse, reafirmarse y convertirse en un solitario «monstruo»?[79] ¿Dónde está la medida justa? La mujer duda una y otra vez. ¿Ausentarse de sí misma es la solución? El resultado es un «yo» empobrecido.

La mujer se percibe como apresada en su propia piel, está cautiva en su infinita tarea de ocuparse de otros, apoyarlos, animarlos y cumplir sus expectativas. Su poder no está en ella misma sino en la influencia que pueda ejercer sobre esos otros y en su control. Se dice a sí misma que si ellos triunfan, ella también; su éxito es del ámbito privado y su poder es informal, a través del poder ajeno.

La mujer se disocia de sí misma cumpliendo los mandatos vigentes en la sociedad, que la cosifican, que la mutan en un objeto socialmente útil o en una apariencia agradable. Tiene que mostrarse femenina, es decir, acogedora, atenta, simpática, sonrien-

---

[79] «En efecto, mucha de la poesía y novela escrita por mujeres invoca a esa criatura loca para que las autoras puedan aceptar sus sentimientos inequívocamente femeninos de fragmentación, su agudo sentimiento de las discrepancias existentes entre lo que son y lo que se supone que han de ser». Gilbert, Sandra M. y Gubar, Susan: *La loca del desván*, Madrid, Cátedra, 1998, p. 92.

te, atractiva, discreta, colaboradora... Las imágenes de los maravillosos ídolos femeninos, que han logrado ascender y triunfar en la sociedad, demarcan sus ambiciones. Si ellas lo han conseguido, quizás, ella también lo podrá hacer. Será atractiva, será bella, será sonriente, será sofisticada...[80] El cuerpo que es, será expuesto a la mirada valorativa de otros, se transformará en el cuerpo para otros. El cuerpo vivo que es, es su objeto transicional para alcanzar el anhelado éxito social e, incluso, el amor y la felicidad soñada[81]. El miedo a perder la belleza y la juventud gobiernan a la mujer convertida en una atractiva apariencia. Si pierde lo que más la caracteriza, lo más valioso que tiene, ¿qué le queda?

El culto a la belleza femenina, con sus imperativos difíciles de conseguir, contribuye a mantener a la mujer ocupada e insegura, oprimida en su insostenible tarea de parecerse a un ideal. Es una tiranía social más sobre las mujeres existentes, o bien, otro eficaz regulador estratégico de su narración biográfica. Pero no olvidemos que es tiranía si la persona colabora en ello, si apuesta por su apariencia como instrumento del éxito social[82]. Las mujeres así se quedan presas en unos cuerpos-fetiches, que se empeñan en traicionarlas, que cambian, que se arrugan, que engordan, que envejecen... Son sus enemigos, los que van a desenmascararlas, los que

---

[80] «Seguimos estando en la apariencia, lo que no puede sorprendernos ya que para definir lo femenino nos mantenemos en el espacio de la belleza y del adorno». Fraisse, Geneviève: *Musa de la razón*, Madrid, Cátedra, 1991, p. 75.

[81] «No hay forma de permanecer completamente libre de este mensaje de que el poder femenino es belleza. Como niñas y mujeres, vivimos y respiramos esta atmósfera. Ésta impregna todo lo que hacemos y todas las formas en que se nos refleja». Young-Eisendrath, Polly: *La mujer y el deseo*, Barcelona, Kairós, 2000, p. 50.

[82] «La imagen femenina es una tramoya escénica que parece un mecanismo de cierre o apertura de la atracción sexual, pero que actúa en realidad como un regulador estratégico de la biografía femenina, articulando sus relaciones de interdependencia con los demás. De ahí la miope tentación de utilizarla en la busca del éxito a corto plazo, lo que puede acarrear como efecto no querido la dependiente sujeción de por vida, con grave riesgo de caer en un déficit de madurez». Gil Calvo, Enrique: *Medias miradas*, Barcelona, Anagrama, 2000, p. 19.

desmentirán su quebradiza escenificación. Una sorda angustia se instala en los cuerpos fetichizados; una desazón que no tiene nombre los corroe por dentro. Se crea una sorprendente contradicción entre un atormentado e inestable interior y una brillante superficie que lo envuelve[83].

La disociación entre la apariencia transmutada en un anuncio visible y la viva profundidad corporal conduce al sostenido fingimiento en la existencia. El «como si» gobierna su narración, que se va componiendo línea a línea. La realidad vivida se torna un escenario. La mujer se disocia en el cuerpo-palabra que es; su conciencia se fragmenta, desconectándose de algunas partes que prefiere ignorar o reprimir. El cuerpo vivido de la mujer se esconde en palabras no dichas, en algún rincón olvidado de su inconsciencia, se bloquea en su fluir de energía vital.

La mujer, creyéndose imperfecta en su carnalidad, se avergüenza de sus formas corporales. Trata de disimular los defectos, pasar más desapercibida, mantenerse en el incógnito. Su cuerpo es la prueba de su culpabilidad por ser defectuosa, es la prueba de su delito. Sin embargo, tiene que gustar a otros, tiene que atraerlos... «¿Por qué no seré como...? ¿Por qué no me habrán tocado en suerte los labios de...?», se preguntan muchas mujeres observando su reflejo en el espejo. Sean como sean, muchas mujeres se sienten insatisfechas del cuerpo que tienen. ¿Pero lo tienen o es que lo son? ¿Qué es el cuerpo? ¿Solo un vehículo para el alma o un instrumen-

---

[83] «Cuando el cuidado estético se hace extremado y el cuerpo debe permanecer inmutado y encerrado en aras de un sueño de juventud que no admite el menor rasguño, cuando el cuerpo se convierte sin duda y sin negación posible en objeto a embellecer que no encuentra otra forma de expresión que la de mostrar su fingida perfección, es imposible expulsar del campo de las interpretaciones el tufo acre de un cierto fetichismo. E incluso cuando se manipula y se transforma constantemente su aspecto y sus formas con el empleo compulsivo de intervenciones repetidas de cirugía plástica; cuando se asigna al cuerpo y a su pretendida perfección todos los valores del goce —un goce completamente cortocircuitado en la economía narcisista—, es imposible, una vez más, dejar de pensar en el uso fetichista o fetichizado del cuerpo». Buzzatti, Gabriella y Salvo, Anna: *El cuerpo-palabra de las mujeres*, Madrid, Cátedra, 2001, p. 22.

to movido por la mente? Somos nosotras en nuestra experiencia de vivir corpóreas. ¿Son tan importantes las arrugas, los michelines o las líneas del contorno del cuerpo que no se ajustan a las pautas ideales del momento? ¿Es razonable privarse de comer para tener la talla de una adolescente delgada?[84] ¿Hasta cuando las mujeres seguiremos maltratándonos y dejando que se nos maltrate? ¿Qué nos pasa para no reafirmarnos de una vez por todas desde el orgullo de ser, desde el orgullo de ser mujeres reales? ¿Cuándo aprenderemos a cuidarnos a nosotras mismas como si fuésemos lo más valioso para nosotras, lo más valioso que tenemos?

Lo que existe no es el cuerpo-objeto —un instrumento a explotar—, sino el cuerpo-sujeto —un cuerpo vivo que siente y piensa en su esperanzado latir instante a instante vivido—. Cabe ignorar los propios sentimientos y emociones, incluso desconectar la conciencia de la carnalidad sintiente, disociarse del propio sentir, pero entonces se frustra la vida que fluye en una misma. Nuestra identidad se empobrece si congelamos el sentir y no pensamos por nosotras mismas. Nos convertimos en un objeto mortecino, nos cosificamos sin apenas darnos cuenta de lo que sucede. Mas las cosas no tienen identidad, no pueden sentir ni pensar, los seres humanos sí, salvo cuando olvidan quiénes son. Cuando eso sucede, un espantoso vacío se hilvana en su existente ser. La corrosiva acción de ese vacío es tan demoledora que es imposible de enfrentar. Como consecuencia, el individuo se disocia todavía más de su sentir, se congela más y más hasta morir en vida[85].

---

[84] «La creencia de que debemos estar delgadas para tener éxito provoca sentimientos de inseguridad sobre nosotras mismas y nuestras capacidades. El control obsesivo del cuerpo femenino no conduce al poder sino a la vergüenza, a la timidez, a la confusión, a la enfermedad e incluso a la muerte por culpa de trastornos alimentarios». Young-Eisendrath, Polly: *La mujer y el deseo*, Barcelona, Kairós, 2000, p. 57.

[85] «Las mujeres que tratan de ocultar sus más profundos sentimientos se están matando. El fuego se apaga. Es como una dolorosa forma de cese temporal de las funciones vitales». Estés, Clarissa Pinkola: *Mujeres que corren con los lobos*, Madrid, Ediciones B, 2002, pp. 142-143. Y añade: «Lo peor que puede hacer una persona es congelarse. La frialdad es el beso de la muerte de la creatividad,

El cuerpo vivo surge en el sentir. En el pensar y reflexionar, adquiere su propia palabra. El cuerpo existente no es la parte perdedora de las personas, es su modo de ser en el mundo. Alejarse de nosotras mismas en el vivir no conduce a nada bueno. Tampoco renunciar sonriente a tu propia palabra, a no tener en cuenta tus propios sentimientos. Lo que sentimos y lo que decimos nos va creando como personas existentes, es importante, es vital. Pretender ser como los demás y sentir lo que se supone que sienten los demás es una ficción enajenante. Cada una de nosotras es única y singular, y siente en y desde sí misma. Las mujeres podemos adaptarnos a las expectativas de los otros, atrapadas en las imágenes anhelantes, pero también podemos ser leales con nuestros propios sentimientos. ¿Qué eliges? ¿Cómo decides vivir tu tiempo?[86]

Si las mujeres seguimos actuando movidas por el deseo de ser queridas y deseadas, y de agradar, sentiremos que los demás están gobernando nuestra vida y eligiendo por nosotras. Al actuar para agradar y ser deseadas, algunas mujeres obtienen un beneficio secundario calmando el dolor que les produce su propio vacío interior, su persistente inseguridad en el vivir. Si los demás eligen por ellas, ellas no son las responsables ni de las consecuencias ni de sus acciones, no son culpables de lo que les sucede. Sin embargo, su vida no les pertenece. De esta manera, esas mujeres renuncian a su independencia, a su libertad en el ser; se vuelven siervas. Sus acciones parecen encaminadas a agradar a algún ser superior capaz de castigarlas o de destruirlas. En vez de ganar en consistencia identitaria, esas mujeres se empobrecen alejándose más y más de sí mismas. Desde su inseguridad, se aferran a las «verdades» internalizadas en su proceso de socialización en el orden establecido, que

***

de la relación y de la vida. Algunas mujeres se comportan como si el hecho de mostrarse frías fuera una hazaña. Pero no lo es. Es un acto de cólera defensiva», p. 299.

[86] «Las mujeres podemos acostumbrarnos tanto a vivir en función de la aprobación de los demás, que incluso llegamos a perder el contacto con nuestras propias necesidades y sentimientos. Entonces nos resulta cómodo culpar a los demás de nuestra infelicidad y seguir inmersas en nuestra tristeza». Marlow, Mary Elizabeth: *El despertar de la mujer consciente*, Madrid, Gaia, 1998, p. 100.

tienden a cosificarlas y a convertirlas en objetos útiles para preservar los viejos esquemas. Quizás, a corto plazo, consigan conquistar y enganchar a alguien, pero, a la larga, se vacían en su inmensa profundidad carnal. Su autorrespeto y su autoestima sufren en la sumisión autómata. ¿Qué es lo que deseas? ¿Cómo quieres vivir tu tiempo? ¿Es suficiente fingir, vivir como si las cosas que le ocurren a una estuviesen bien para que de verdad suceda así? ¿O es una manera de engañar a sí misma? La insignificancia experimentada por la mujer disociada en el vivir enmudece su palabra, la vacía de expectativas personales condenándola a ser servil en su insoportable desazón[87]. Su autoestima depende de la estima de los otros.

Un autoestima pobre se asocia con el desvalimiento en el vivir, con pocas expectativas existenciales. Y quien no se considera válida tenderá a confirmarlo de manera inconsciente en su narración vital. No en vano se siente así en su propia piel. Las expectativas que tenemos respecto a nosotras mismas son tozudas y resistentes a los cambios. Si una mujer cree que es incapaz es difícil demostrarle lo contrario, aunque no imposible. Quizás el cambio dependa de la motivación que nos mueva en el momento de la acción. Las mujeres, nos lo creamos o no, somos poderosas y capaces; sin embargo, la poca fe y la no consideración propias disminuyen nuestras fuerzas. Muchas mujeres prefieren ignorar su propio poder femenino en el vivir por serles demasiado temible. Aceptan el poder que puedan desempeñar sobre los otros mediante la conquista, el control y el dominio, pero no el suyo propio como sujeto existente mujer, autora de su existencia. A las mujeres les cuesta ser abiertamente agentes activos. Están más habituadas históricamente a ejercer su acción a través de otros, de un modo indirecto, salvo para cuidar, alimentar, enseñar, amar, consolar...

En nuestras sociedades se favorece que la mujer que se ignora a sí misma se vuelque en los sentimientos hacia los demás. Está siempre disponible y abierta a que los afectos descoloquen su in-

---

[87] «La angustia de ser mujer, en gran parte, es lo que roe el cuerpo femenino». de Beauvoir, Simone: *El segundo sexo, vol. 2, La experiencia vivida*, Buenos Aires, Siglo Veinte, 1987, p. 75.

terior. Así, amar demasiado se convierte en un camino transitado por muchas mujeres. Ser adictas al amor o fácilmente colonizables por el hombre al que se ama es una manera más para alejar su propio dolor en el existir en su sexuada piel[88]. Parece que el amor lo justifica todo, incluso conservar unas relaciones afectivas dañinas o denigrantes. Detrás de esta consideración cabe percibir una encubierta autoviolencia. La mujer asume el castigo con más o menos resistencia y sigue arrastrando su pesada carga. Poco a poco, el resentimiento, la ira y el odio se instalan en el cuerpo-palabra enmudecido, que protesta recurriendo a la somatización, duele y enferma.

Cabe hablar de otra disociación en el sujeto existente y es la que existe entre el pensar y el sentir. En la mujer, volcada culturalmente en el sentir, esta disociación se produce acentuando el sentimiento y los afectos, que históricamente se le han permitido, y difuminando el pensamiento, puesto que el acceso a este campo le fue entorpecido. Con eso no pretendo decir nada malo ni peyorativo referente a lo femenino, sino mencionar que la mujer suele darle más importancia a lo que siente que a lo que piensa. El lenguaje de las emociones le es más familiar que el de la fría reflexión intelectual. Muchas mujeres siguen renunciando a su inteligencia para no asustar a sus compañeros, a los varones que se les acerquen. Prefieren simular una cierta estupidez y torpeza, eso sí, divertida y risueña, que mostrarse inteligentes, sobradamente capaces y eficaces, y aburrir, y espantar. Aunque los tiempos van cambiando, los viejos clichés continúan vigentes. ¿Hasta cuándo las mujeres seguiremos actuando como si no nos importáramos a nosotras mismas, como si no fuésemos personas únicas e irrepetibles en nuestra sexuada piel? Es posible disociarse del propio sentir y del pensar, pero, entonces, ¿en qué nos convertimos? ¿De qué manera desea-

---

[88] «Te coloniza otra persona, te habita. No solamente habita entre tus cuatro paredes, sino que habita tu cuerpo, tu subjetividad, tus anhelos, tus pensamientos. En la colonización amorosa, una persona ejerce poderes de dominación sobre la otra». Lagarde y de los Ríos, Marcela: *Para mis socias de la vida*, Madrid, Horas y horas, 2005, pp. 373-374.

mos vivir las mujeres? ¿Nos posicionamos ya de una vez desde el orgullo de ser mujeres?

Las mujeres somos cuerpos sexuados y sexuales, conciencias existentes corporizadas. Nuestra narración desde el propio sentir y pensar es única y singular, aunque se empape de lo genérico del sexo mujer. Si se problematiza el cuerpo y su sentir, se problematizará el placer y el dolor. El no sentir y no procurar comprender serán los guías de nuestro recorrido vital. Perderemos nuestra infinita y compleja profundidad carnal, seremos unos pobres reflejos de lo que podríamos llegar a ser. ¿Las mujeres somos cuerpo? Pues claro que sí, de la misma manera que los hombres, ni más ni menos. ¿Las mujeres somos sexo? Sí y a mucha honra, la misma que la del otro sexo. Pero el significado de «ser sexo» no es el todavía vigente en nuestras sociedades. No somos sexo para la reproducción de los seres humanos ni para uso y disfrute de los hombres. No somos unos genitales andantes o prometedoras curvas. Somos sujetos sexuados y sexuales en la totalidad del cuerpo-palabra que somos. No somos una ausencia; existimos de verdad y tenemos cosas que decir y hacer por nosotras mismas. Deseamos y pretendemos lograr ser felices en el vivir.

Y tampoco somos cuerpos para otros. Esta es una mentira patriarcal amparada y extendida por instituciones, religiones y legislaciones. ¡No nos la creamos más! Desgraciadamente, se nos ha engañado durante demasiado tiempo, condenándonos a un sufrimiento inútil e infelicidad en el ser. Se nos ha privado de un patrimonio simbólico con el cual podríamos construir un habla existencial digna. No se nos ha permitido soñar con objetivos propios como sujetos existentes completos en sí mismos. Y por si no fuera suficiente para relegarnos a un asfixiante cautiverio vital, se ha cargado nuestro sexo con lo negativo, sucio, débil, pecaminoso...[89] La culpa por ser mujer ha envenenado nuestra sexuada piel a lo

_____

[89] «La relación establecida entre la mujer, el sexo y el pecado constituye el modelo primordial de todo el pensamiento occidental posterior a la aparición del mito del pecado original». Millett, Kate: *Política sexual*, Madrid, Cátedra, 1995, p. 118.

largo de los siglos. ¿No es hora ya de acabar con tanta estupidez? ¿Y si empezamos por nosotras mismas?

En las sociedades patriarcales, la sexualidad y la reproducción son dos elementos claves de la sujeción de la mujer[90]. La doble moral sigue existiendo en la actualidad. A la mujer se la controla con su propio consentimiento inconsciente. ¿Cómo es posible? Pues haciéndola creer e internalizar significados y «verdades» en su proceso de socialización, que construyen un espacio interpretativo donde eso suceda y no otro espacio, también posible. Esas «verdades» modelan nuestro cuerpo-palabra existente y nos instruyen para ser sobre todo cuerpos para otros. Los significados del imaginario masculino se aceptan de un modo «natural» como los nuestros y aprisionan a las mujeres en nuestro existir corpóreas. ¿No ha llegado ya el momento de una revolución conceptual que nos dé aire, que nos dé luz en el latir día a día en nuestra sexuada y hermosa piel, precisamente por ser real?

La sexualidad femenina no es una réplica de la masculina. Las mujeres tenemos una música diferente, nuestro vibrar tiene su propia tonalidad. Es bueno descubrirla. La sexualidad masculina no es un prototipo para imitar o para adecuarse a él pase lo que pase, acallando los deseos femeninos. Las mujeres expresamos nuestra sexualidad de muchas y diversas maneras. Merece la pena conocerlo y reconocerles el valor que tienen, pues nos nutren en el vivir día a día, nos proporcionan vitalidad y placer, nos reconfortan en el palpitar instante a instante vivido. Todas las mujeres, seamos como seamos: gordas o delgadas, bajas o altas, feas o guapas, jóvenes o viejas, podemos disfrutar plenamente en nuestro ser mujer, salvo que nos creamos las mentiras que se nos ha contado desde pequeñas. Las fronteras de nuestra prisión están en nosotras mismas y son más eficaces y nocivas que las externas. Nos desestructuran en lo más profundo de nuestro ser carnal, nos conducen a nuestra propia perdición existencial[91].

---

[90] Alicia H. Puleo, «Patriarcado» en Amorós, Celia (editora): *Diez palabras clave sobre mujer*, Estella, Verbo Divino, 1995, p. 23.

[91] «En lugar de desarrollar nuestra propia vida erótica, nos obsesionamos

El cuerpo sexuado y sexual es real, por mucho que nos disociemos de él. Se vivencia en cada hálito, en cada mirada, en cada caricia sentida. La desvalorización de sí misma sexuada por ser imperfecta en la propia realidad corpórea es una ponzoñosa sandez. Somos cuerpos sexuados reales, por eso sentimos y pensamos, nos vivenciamos en el mundo, nos expresamos y actuamos en cada suspiro nuestro. Si odiamos nuestra carnalidad, no podremos sentir con intensidad la vida que baña nuestro vibrar, perderemos en placer y en la creación de nosotras mismas instante a instante de nuestra existencia. No nos atreveremos a *ser* en plenitud carnal[92].

Muchas mujeres se han preocupado más de adecuar su corporalidad a los ideales en boga que en vivenciarse en su rica carnalidad; se han concentrado más en gustar y ser deseadas que en gustarse a sí mismas y desear por sí mismas. La verdad es que no se nos ha educado para ser dueñas de nuestra sexualidad sino para ser eficaces compañeras y satisfacer a nuestros compañeros varones. De eso adolece el deseo femenino, de contentarse con ser objeto de deseo de otros, y no pretender ser sujeto de deseos propios. Muchas mujeres ni se han preguntado cómo quieren vivir su sexualidad, qué les gusta y qué no, dónde están sus propios límites, qué es lo que las enfada... Se han limitado a transitar por las sendas ya marcadas. Las mujeres, nos guste o no este hecho, estamos preprogramadas social y culturalmente a la servidumbre sexual[93]. Solo un posicionamiento consciente frente a esta «natural» tendencia nos puede

---

con nuestra apariencia, inmersas en imágenes de fealdad-belleza y distraídas por emociones de inhibición, como la vergüenza, el bochorno, la envidia o los celos». Young-Eisendrath, Polly: *La mujer y el deseo*, Barcelona, Kairós, 2000, p. 79.

[92] «El odio al propio cuerpo corroe inevitablemente la autoestima sexual de la mujer. Si piensa que su cuerpo es incompleto, imperfecto o incluso le repele, se sentirá menos libre en sus relaciones sexuales y menos merecedora de amor». Leroy, Margaret: *El placer femenino*, Barcelona, Paidós, 1996, p. 103.

[93] «Las mujeres son esclavas sexuales al sentirse (justificadamente) temerosas de "manifestarse" con su propia sexualidad y forzadas a satisfacer las necesidades de los demás, ignorar las suyas propias». Hite, Shere: *El informe Hite. Estudio de la sexualidad femenina*, Madrid, Suma de Letras, 2002, p. 471.

abrir los ojos. Tendríamos que vencer el miedo a manifestarnos como somos y no como los otros quieran que seamos, ¡que la posible desaprobación de nuestros compañeros no nos frene! Tendríamos que trascender nuestro pudor y la vergüenza, nuestro miedo a llegar a *ser*, y expresarnos con nuestras propias palabras dichas o no, verbales o no. Sufrir porque sí es de necias. ¡Tengamos el coraje suficiente para *ser*! No carguemos nuestra relación con otros del poder sobre ellos. No nos contentemos con esperar que los otros nos proporcionen el poder que necesitamos y supuestamente no poseemos nosotras mismas; lo poseemos, solo que, a veces, se nos olvida que es así. El poder sobre otros a menudo empobrece nuestra humanidad, nuestra dignidad humana. Empeñarse en ejercer el poder sobre otros sustituye el placer en el ser: una trepidante y sorprendente aventura de creación continuada de una misma.

La carencia de satisfacción sexual de las mujeres se asocia con la opresión de las mujeres en una sociedad dada. A nadie le hace feliz ser ignorada y no tenida en cuenta en su relación con otros. El sexo puede convertirse en una auténtica tortura y crucifixión cuando se distorsiona y se muta en un escenario de dominación, coerción, represión y violencia. Incluso cuando no es ese el caso, y es placentero y satisfactorio, con frecuencia, se utiliza como moneda de cambio para obtener otras cosas: bienes materiales, calmar enfados y tensiones masculinos, lograr la protección, sentirse deseadas, valoradas y hasta amadas, tornarse visibles para el otro... Es tiempo de que nos convirtamos en conscientes en nuestra piel de mujer, de que dejemos las falsedades aprendidas y la mala educación recibida respecto a nuestra condición sexual de mujer. De nosotras depende decidir cómo vivir nuestro tiempo. Nadie lo va a hacer por nosotras.

3. LA CONSCIENCIA EN EL SER MUJER

Vaya por delante que todo lo que he dicho a propósito de la consciencia de ser sujeto existente sexuado y sexual es totalmente aplicable, como es lógico, al sujeto existente mujer[94]. Pero, aquí, vamos a tratar de reflejar las connotaciones específicas de ser consciente en el ser mujer, sin repetir lo común para ambos sexos.

Podemos estar de acuerdo en que además de nacer mujer, una llega a serlo, y llega a serlo en un medio social dado. Las creencias y las consideraciones, vigentes en la sociedad respecto a lo que es ser mujer, nos importan, nos implican y nos comprometen en nuestra existencia. La diferencia sexual asume muchos significados y es un potente significante, que ordena y organiza la relación entre los dos sexos. Los estereotipos sexuales regularizan nuestro pensar, sentir, desear y actuar, porque el individuo, sea del sexo que sea, procura demostrar que es mujer u hombre de acuerdo a las definiciones a propósito de los sexos, aceptados en su sociedad. Si en nuestra sociedad hay una relación jerárquica entre los dos sexos, el estereotipo femenino predispondrá a las mujeres a la sumisión y a la servidumbre existencial, a interpretar un papel secundario en la propia narración biográfica. La acción del estereotipo es abrumadora por pasar imperceptible y calarse este en nuestro interior por medio del aprendizaje en el proceso de la socialización, desde la niñez. En esa inmadura etapa los individuos están deseosos de aprender e internalizan «verdades» sin mucha reflexión crítica, y cuando esta se vuelve posible, ya se encargan otros importantes o no de enseñarnos cómo son las cosas. Poco a poco, la misoginia, que empapa lo que nos rodea, invade nuestro cuerpo-palabra existente. La opresión de lo «femenino» y de las mujeres van de la mano, se entrelazan en una trampa de subyugación.

La feminidad es un sistema conceptual, un conjunto de conductas aprendidas y de interacciones con otros sutilmente codificadas para perpetuar un orden social dado, el estado de las cosas tal

---

[94] Arnaiz Kompanietz, Anna: *El sujeto existente*, Madrid, Biblioteca Nueva, 2010, pp. 59-70.

como lo conocemos. Pero, ¿quién decide lo que es conducirse de forma socialmente aceptable en el ser mujer? ¿Las mujeres? Cabe afirmar que es importante establecer la causa de una realidad, sin embargo, es aún más importante tener presente que quien cobra consciencia de una teoría relativa a su conducta deja de estar sometido a ella y puede trascenderla para conducirse de otra manera, más consciente e intencional en el ser[95].

Todo comportamiento desvela el ser y manifiesta verdades ya instauradas en la sociedad, reafirmándolas una vez más, o hace aparecer nuevas verdades, que nacen de un cambio en el cuerpo-palabra existente. Establecer que los grupos se comporten de una manera determinada, que podría ser otra, modula y manipula la estructura del orden social, y también la interacción de los sexos. La realidad que aprehendemos en nuestro proceso de socialización es una de tantas posibles. Sin embargo, la aceptamos como la verdadera y nos integramos en ella sin apenas cuestionar el orden de las cosas, y la confirmamos internalizando sus repetitivas premisas[96]. No obstante, el mundo que experimentamos como verdadero lo construimos todos nosotros mientras ignoramos cómo lo hacemos. No es difícil. Si demarcamos un espacio de inteligibilidad aceptando una serie de verdades que lo sustentan, lo lógico es llegar a conclusiones previsibles y, luego, confirmarlas una y mil veces al desenvolvernos en ese marco y no en otro. La teoría fundamentada establece límites de percepción y entendimiento, y decide lo que cabe observar, encontrar y explicar, lo que cabe vivir en ese espacio de inteligibilidad. Esta instrumentalización no

---

[95] Watzlawick, Paul y otros: *La realidad inventada*, Barcelona, Gedisa, 2010, p. 96.

[96] «El niño no *sabe* nada porque no *hace* nada y aprende a medida que hace. Dado que ciertas sociedades o ciertos hombres se mueven permanentemente en un mismo círculo de tradiciones, el descubrimiento de la verdad está detenido para ellos. Se dice que son impermeables a la experiencia, pero no es cierto. Pues no es la experiencia lo que puede cambiar sus tradiciones sino que, al cambiar sus tradiciones modificarán su experiencia. Se puede mirar un objeto de frente: sólo se *verá* si viene dado desde una perspectiva de comportamiento». Sartre, Jean-Paul: *Verdad y existencia*, Barcelona, Paidós Ibérica, 1996, pp. 79-80.

se desmorona ante nuestra mirada porque se basa en la fe que profesamos en lo que experimentamos, en el convencimiento de que las cosas son como son y no pueden ser de otra forma. Sin embargo, la posibilidad de elegir y la posibilidad de trascender lo dado está en nosotros, solo tenemos que darnos cuenta de nuestro poder de decidir, y construir un orden diferente desde la reflexión y el cuestionamiento.

Así que, la consciencia en el ser mujer es la ruptura del automatismo conformista con lo que hay, de la vigilia anónima del existente mujer, que entra en relación con su existir de una manera consciente y lúcida —la mujer se libera de su internalizada ensoñación del «deber ser» y se posiciona despierta en su existir mujer[97]—. Quizás ha llegado ya la hora de que comprendamos que el modelo dominante para explicar la realidad y los sexos ha demostrado ser obsoleto e ineficaz para que los sujetos de ambos sexos se desarrollen plenamente en él, pues nos mutila en lo más profundo de nuestro existir carnales. Es el momento de cuestionar las verdades aprendidas y desechar las certezas al respecto de lo que significa ser mujer, aunque esta tarea sea larga y dolorosa. No obstante, es más doloroso ser fieles a esas verdades y seguir viviendo según los preceptos de un modelo que niega lo que en realidad somos; vivir sintiendo que nuestra existencia no nos pertenece, nuestro tiempo se nos escurre entre las manos por no ser memorable —la vida no vivida del todo desde la fomentada y aceptada renuncia femenina, característica en el ser mujer en nuestras sociedades patriarcales[98]—. Hace falta coraje y perseverancia para cuestionar los diversos aspectos de la feminidad. ¿Nos hacen bien

---

[97] «Pero sólo cuando seamos capaces de cambiar nuestras propias actitudes seremos suficientemente fuertes para oponernos a la cultura que nos rodea y liberar nuestra apariencia de los dictados del poder masculino». Young-Eisendrath, Polly: *La mujer y el deseo*, Barcelona, Kairós, 2000, p. 69.

[98] «En su ruta vital las mujeres tienen que soportar una carga muy pesada: se les ha enseñado que la feminidad y la esencia de ser mujer consiste en saber renunciar. Consecuentemente el seguir el camino de sus propios intereses se convierte, gracias a esa enseñanza, en un tormento de conciencia». Ehrhardt, Ute: *...Y son cada vez peores*, Barcelona, Debolsillo, 2003, p. 155.

los estereotipos vigentes o nos hacen mal? ¿Nos ayudan a realizarnos como personas completas que somos o nos lo dificultan? Toca desaprender lo aprendido en nuestro proceso de socialización tras una reflexión desde una misma[99]. Toca desmontar la misoginia internalizada, que nos impide volar alto, que no nos deja respirar en paz, en plenitud. Si queremos que se nos tome en serio, de igual a igual, debemos empezar a hacerlo nosotras mismas en cada latido vivido.

Llegar a ser una mujer consciente es un proceso. Nos hacemos mujeres comprendiéndonos como tales, pero no con las premisas que sustentan el orden patriarcal. Así que la comprensión de lo que es ser mujer debe partir de trascender el orden simbólico dado, que infravalora lo «femenino». Los dos sexos tienen un valor equiparable. Ninguno de ellos es inferior respecto al otro. Los valores y las características atribuidos al sexo masculino no deben ser ideales a alcanzar para ambos sexos. Actualmente, las mujeres buscan sus propias características y valores, no los creados desde los masculinos. Quieren valorarse como mujeres, desde la dignidad y el respeto, y aprender a hablar desde su condición de mujeres[100].

La comprensión de lo que es ser mujer se empareja con la determinación de ser, es ontológica, pues contribuye a formar al individuo mujer y nos fortalece, nos hace más libres en nuestro vuelo existencial. Nacemos, vivimos y morimos en la significación. Renacemos en la reflexión, en esa capacidad de modificación de sí en interacción consigo misma, con los otros y con el mundo que nos

---

[99] «En la perspectiva feminista necesitamos desaprender gran parte de lo que somos, de lo que creemos, de lo que sabemos hacer y dejar de hacerlo, que se nos olvide y no nos acordemos para colocarnos en situación de servidumbre voluntaria». Lagarde y de los Ríos, Marcela: *Para mis socias de la vida*, Madrid, Horas y horas, 2005, p. 282.

[100] «Las mujeres viven una búsqueda hoy día en nuestra cultura. Es la búsqueda del abrazo a su naturaleza femenina, de aprender a valorarse como mujeres y a curar la herida de lo femenino». Murdock, Maureen: *Ser Mujer: un viaje heroico*, Madrid, Gaia, 1991, p. 15.

incluye. El yo pienso está en la base de todas mis representaciones[101]. Es necesario un serio trabajo de resignificación.

Las mujeres somos cuerpos-palabra existentes. Vivir conscientes es ser conscientes en la propia existencia. En la reflexión, recurrimos a las verdades que aprendemos en nuestra existencia, en nuestra experiencia de vida hilvanada en palabras dichas o no. En las culturas patriarcales, la experiencia femenina adolece de una cierta carencia de palabras. Hay que tener en cuenta esta dificultad de autosignificación de la experiencia femenina, porque frecuentemente a las mujeres nos faltan vocablos para definirla y comprenderla mejor. A menudo, nos sentimos confusas y extrañas en nuestro sí-mismo carnal. Sabemos cómo «deberíamos» ser, pensadas por otros, e intentamos adaptarnos a ese prototipo sin conseguirlo, sintiéndonos defectuosas y torpes. Sin embargo, las mujeres deberíamos pensarnos desde nosotras mismas, desde el cuerpo-palabra existencial que somos. No deberíamos caer en el error de medirnos o compararnos con nuestros compañeros de viaje, los hombres, ni tampoco tratar de ajustarnos a sus expectativas.

La mujer consciente es ese sujeto para quien el hecho de ser mujer no es indiferente, sino significativo en su aventura existencial, y quiere entenderlo. El hecho de ser mujer le es preciado y la moldea en su ser: para sentir, pensar, hablar, desear, soñar y actuar en relación con otros. La consciencia es un poderoso resorte para el cambio en el existir carnal, para la transformación de nosotras mismas y de lo que nos rodea y afecta. No olvidemos que la autoafirmación empieza en el acto de ejercer la consciencia, de darnos cuenta de las cosas y reflexionar. Es necesario que el estereotipo femenino emerja de las mujeres, que no sea una pérfida o ciega ensoñación de otros para sostener un orden social dado. Es necesario que las mujeres lo conozcamos, que recurramos a él para vernos y valorarnos, y que lo integremos en nuestra vida, en nuestra experiencia palpitante del día a día.

---

[101] Palabras de Fichte, citadas en: Zambrano, María: *Los sueños y el tiempo*, Madrid, Siruela, 1992, p. 103.

Cabe afirmar que la autoconsciencia de la mujer es una gran revolución del sentido de la realidad, de *su* realidad. Nos posiciona de una manera diferente en el mundo, y esta nueva presencia influye en su transformación. La autoconsciencia femenina posibilita la búsqueda de las palabras no dichas en la experiencia de vida de las mujeres, produciendo nuevas significaciones desde lo femenino y nuevos aprendizajes en la existencia vivida. Es necesario centrarnos en nosotras mismas y ser honestas en esta relación consigo, no mentirnos ni fingir. Una cosa son los ideales y las expectativas respecto de la existencia, incluso las expectativas propias, y otra diferente es lo que verdaderamente sentimos, cómo nos sentimos y nos vivenciamos en la experiencia vivida. Las mujeres que vivan concentradas en sí mismas, en sus propios deseos, necesidades y metas, podrán desarrollarse como personas completas y, con mayor probabilidad, llegar a ser lo que potencialmente son[102].

Somos el principio y el fin de todo lo que nos sucede, pues se graba en nuestra sexuada piel, pasa a formar parte de nuestra narración biográfica, nos va creando en un continuado cambio existencial. El saber estar en la realidad, el ser conscientes en ella, se empareja con la libertad en el ser. Las mujeres tenemos que aprender a relacionarnos de forma auténtica con nosotras mismas, con los demás y con el mundo que nos incluye. Puede que este aprendizaje sea largo y costoso, puede que nos desequilibre por momentos o por temporadas, que nos cause desconcierto y desazón, pero merece la pena porque nos fortalece como sujetos existentes, nos torna más independientes, más libres en nuestras elecciones. No se trata solo de decir «no» a las tareas impuestas y a los automatismos en el hacer, sino de decir «sí» a una nueva concepción de

---

[102] «Una de las penas que comporta el vivir de forma inconsciente —tanto en uno como en otro sexo— es la de tener que soportar una vida no recompensante al servicio de metas que nos idiotizan y nunca son examinadas o elegidas conscientemente por las personas afectadas». Branden, Nathaniel: *Los seis pilares de la autoestima*, Barcelona, Paidós, 1995, p. 172.

sí mismas, lo cual es mucho más complejo. ¡Y no olvidarlo nunca más en la cotidianidad de nuestro tiempo vivido!

Las mujeres no debemos renunciar a nuestro propio desarrollo como personas, a nosotras mismas en nuestra aventura de *ser*. Es hora de que aprendamos a reflexionar de forma independiente y pensar lo que somos, y lo que realmente deseamos. Somos fines en nosotras mismas y no unos medios para conseguir fines de otros[103]. Somos sujetos existentes y, como tales, no existimos en función de los demás. No somos propiedad de nadie, como tampoco los otros lo son de nosotras. Si queremos vivir en una cierta libertad, nos tenemos que habituar a tratarnos bien, con respeto y consideración. De este modo contribuiremos a que este mundo nuestro sea más justo, más humano para todos[104].

El convertirse en una mujer consciente se empareja con no seguir viviendo la propia vida como respuesta a las necesidades de los demás, sean estos del ámbito privado o público. El poder cambiar está en nosotras; que la transformación se realice depende de nuestra decisión. La intencionalidad de ocupar el lugar central de nuestras vidas, aunque no desatendamos a los otros, debe instalarse en nuestra existencia, no solo ser palabras sino una narración real escrita en hechos y acciones minuto a minuto vivido en relación con una misma y con los otros[105]. Es prioritario saber lo que

---

[103] «En su proceso de socialización, se suele incitar a las mujeres a que se sientan identificadas con el papel de entrega a los demás y a que no reconozcan los límites entre ellas mismas y el resto de personas de su entorno. Desafiar esta concepción de la vida requiere independencia y coraje. Puede ser necesario decir no a las voces interiorizadas de las figuras de autoridad de nuestra infancia». Branden, Nathaniel: *La autoestima de la mujer*, Barcelona, Paidós Autoayuda, 1999, p. 105.

[104] «Es justamente la conciencia y la voluntad de mujeres concretas lo que está produciendo un cambio global en las relaciones de poder a pesar de que el mundo simbólico masculino siga ejerciendo su dominación y expandiéndose en las valoraciones sociales». Galende, Emiliano: *Sexo y amor*, Buenos Aires, Paidós, 2001, p. 43.

[105] «Si las mujeres no hacen por fin ese esfuerzo para convertirse en todo lo que tienen en su interior, sacrificarán su propia humanidad. Una mujer hoy en día que no tiene objetivo, propósito ni ambición que dé sentido a sus días

realmente queremos, cómo queremos vivir nuestro tiempo y cómo nos encontramos en nuestra sexuada piel y en nuestro mundo. Es importante aprender a ser la mejor amiga de una misma, aquella en la que se confía, aquella que ayuda a sentirse bien, valorada y querida. Es algo que no se nos enseña, sin embargo, ¡qué importante es!

La respuesta a la pregunta «¿quién soy?» está en nuestro interior, en esa infinita hondura del sí-mismo carnal. Crear un mundo personal interior y exterior, que nos sostenga y nutra en la existencia real, es decisivo para posicionarse con energía y fuerza en nuestra historia abierta. Puede que los demás nos ayuden en esta tarea o nos la dificulten, pero las imprescindibles para lograrlo somos nosotras mismas; somos nosotras la persistente fuente de nuestra energía vital.

Es conveniente tener en cuenta que cada una de nosotras es única e irrepetible, y lo que nos reconforta en la vida como sujetos existentes singulares es totalmente personal e intransferible. No valen las reglas comunes, sino las individuales. Algunos recursos y metas pueden ser compartidos con otras mujeres y otros no; tampoco es importante. Lo que sí es importante es conocer cuáles son los recursos y metas propios[106]. Es un gran logro existencial porque nos impide tornarnos autómatas en el hacer, autómatas que persiguen metas enajenantes, unas siervas que caminan por sendas comunes a todas sin reflexionar desde sí mismas. Cada mujer

---

proyectándolos hacia el futuro, que la haga estirarse y crecer más allá de ese pequeño número de años en los que su cuerpo puede cumplir su función biológica, está entregándose a una especie de suicidio». Friedan, Betty: *La mística de la feminidad*, Madrid, Cátedra, 2009, p. 403.

[106] «Tras haber reconocido lo que las hacía similares, lo que podía unirlas en un "nosotras", las mujeres han empezado a estudiar lo que las hacía individualmente distintas, infinita multiplicidad de "yo" singular. Porque la experiencia de las mujeres no es algo unívoco e idéntico, no en su evolución ni en sus resultados; la "diferencia" se resuelve en realidad en una infinita variedad de diferencias, innumerables individualidades que no pueden encerrarse en una sola definición, una sola imagen, un solo texto». Violi, Patrizia: *El infinito singular*, Madrid, Cátedra, 1991, p. 156.

tiene el derecho de ser ella misma, mas el derecho hay que ponerlo en práctica. Si no, ¿para qué sirve tenerlo? Es importante acostumbrarse a decir «sí» y «no» con autenticidad, establecer tus propios límites, que, en vez de relegarte a una prisión, te ayuden a construirte como sujeto existente autónomo.

La mujer consciente procura conocerse y superar sus propias limitaciones, su miedo a *ser*. Quizás entonces pueda llegar a desarrollar lo que es en potencia, despertar de su conjurado sueño y *ser* en plenitud carnal. Sabe que es *su* tarea y de ningún otro que tenga la bondad y la disposición de hacerlo por ella. Su desarrollo personal es su responsabilidad y su tarea; y esa tarea consiste en seguir realizando dicha tarea.

La mujer consciente sabe que sobre todo depende de sí misma, está sola en su sexuada piel y así debe de ser para todo individuo, pues la soledad es inherente al hecho de existir carnal; el sujeto está solo por ser uno en su personal narración existente. Sin embargo, no debemos olvidar que los humanos somos profundamente sociales y dependemos de otros para *ser*. La dependencia es una necesidad humana básica. Habrá que encontrar un equilibrio constructivo entre la necesidad de dependencia y el logro de la autonomía personal y la independencia en el vivir. La consciencia en el ser mujer y el autoconocimiento son buenos aliados para conseguirlo[107].

La soledad es ese tiempo vivencial del sujeto en el cual no están los otros, que nos distraen y ocupan. Es el tiempo en el cual nos enfrentamos con nosotras mismas sin intermediarios. La soledad es necesaria para aclararse consigo misma, para reflexionar, meditar, cuestionar lo dado, curar las heridas cotidianas sin que los otros

---

[107] «Hasta ahora, no habíamos empezado a comprender que la liberación no equivale a una "independencia" alcanzada a través del aislamiento emocional, mediante la supresión de la necesidad de estar con otros. Las mujeres deben sacudirse de encima los lastres de comportamiento dependiente que las mutilan, pero en el fondo sólo lo conseguirán cuando vean satisfechas sus propias necesidades. Esto significa que tanto hombres como mujeres tienen una enorme tarea por delante». Eichenbaum, E. L. y Orbach, S.: *¿Qué quieren las mujeres?*, Madrid, Talasa, 1995, pp. 22-23.

presentes intervengan de manera directa, y crear, sí, sí, crear como los grandes artistas creadores[108]. La soledad es un espacio-tiempo sagrado, un espacio de potencial desarrollo personal, un gran tesoro para disfrutar de él como le plazca a la mujer[109]. Aprender a disponer de ese espacio-tiempo tan valioso de la mejor forma para fortalecerse como sujeto existente es toda una tarea, tarea que conduce a la felicidad en el *ser*. ¿Qué te gusta hacer cuando estás sola contigo misma? ¿Lo que haces te dibuja una sonrisa en el rostro? ¿Ayuda a que te crezcan las alas en tu vuelo existencial o simplemente te entretiene?

Cada mujer puede disponer de su riqueza existencial; todas tenemos recursos para sentirnos a gusto y, aunque sea momentáneamente, podemos hallar instantes de paz en nosotras mismas, instantes de una cierta plenitud. Todas llevamos en nosotras mismas la capacidad de modificación de sí, la capacidad de cambiar y renacer en cada aliento desde la esperanza de alcanzar el bienestar o la felicidad en el *ser*. No obstante, es necesario distinguir entre los placeres que nos debilitan consumiendo inútilmente nuestro tiempo y los que nos construyen como sujetos existentes. La consciencia en el ser mujer posibilita lograrlo y se vincula con la libertad en el ser, con la libertad de escoger con lucidez entre varias opciones, y trazar diferentes caminos existenciales, los cuales nos irán creando a cada paso que demos, poco a poco en la continuidad del tiempo vivido.

---

[108] «La soledad es fundamental para la duda. Y la duda es fundamental para construir una subjetividad moderna en las mujeres. Mientras las mujeres no dudaron, las mujeres creyeron. Y se lo creyeron todo. Y por eso las han dominado. La movilización moderna de las mujeres se genera en sus dudas: no me parece, no creo, no acepto, pienso que sería mejor de otra manera... La vida de cualquier mujer moderna está poblada de momentos de duda que nos han abierto a posibilidades de afirmación, de invención, de transformación». Lagarde y de los Ríos, Marcela: *Para mis socias de la vida*, Madrid, Horas y horas, 2005, pp. 387-388.

[109] «Se trata entonces de hacer de la soledad un espacio de desarrollo del pensamiento propio, de la afectividad, del erotismo y sexualidad propias». Lagarde y de los Ríos, Marcela: ob. cit., p. 95.

Cabe afirmar que no hay que temer la soledad, hay que aprovecharla bien porque es un tiempo precioso para conocernos y decidir cómo queremos vivir, cómo queremos construir nuestra existencia, qué decisiones tenemos que tomar para cambiar aquello que deseamos cambiar y convertirnos en autoras de nuestra narración existencial. Merece la pena invertir el esfuerzo, la paciencia y el coraje necesarios, puesto que la vida de una misma es el asunto más importante que nos atañe e implica. Nuestra vida parte de nosotras mismas y nos envuelve en su implacable devenir vivencial. Es nuestra creación más importante, más difícil y sublime, que no solo nos afecta a nosotras, sino también a los que nos rodean. Influimos, consciente o inconscientemente, en ellos y en nuestro mundo, que también es de ellos. Así que, no renunciemos con facilidad a nuestro espacio-tiempo; es importante, es sagrado, pues puede transformarse en una eternidad de momentos milagrosos. Tendremos que lograr que los otros entiendan que es así, y si no lo entienden, que lo acepten y lo respeten como hacen con el suyo propio[110]. El tiempo sagrado es el de la consciencia en el ser, el de la certeza de una misma en el instante vivido, el de la aparición del sentido en el *ser* mujer, que emerge de lo no manifiesto, oculto en nuestra rica y compleja hondura carnal[111]. Recuperar el sentido de nosotras mismas se entrelaza con recuperar nuestro tiempo.

Tenemos que comprender que los que son indispensables para nosotras somos nosotras mismas; somos las que podemos convertirnos en nuestros incondicionales, en nuestras mejores amigas. Es necesario que nos comprometamos en ese fundamental cometido, a pesar de las dificultades y los conflictos que puedan surgir en el camino con los otros y en nosotras mismas. Es importante que nos

---

[110] «Comienzo a tener una noción de lo que es ser una mujer. No hay tiempo. No puedes concentrarte. Comienzas a hacer algo y debes interrumpirlo». Millett, Kate: *En pleno vuelo*, Barcelona, Hacer, 1990, p. 294.

[111] «¿Y si lo que llamamos lo "sagrado" fuera la celebración de ese misterio que es la aparición del sentido?» Clément, Catherine y Kristeva, Julia: *Lo femenino y lo sagrado*, Madrid, Cátedra, 2000, p. 22.

habituemos a contar con nosotras mismas pase lo que pase. Y para eso tenemos que conocernos, conocernos más allá de cualquier comparación o enjuiciamiento, venciendo los prejuicios internalizados en nuestro proceso de socialización. ¡Basta ya de fingir y de adaptarse a lo genérico común socialmente aceptado![112]

Cada una de las mujeres es única e irrepetible, y su experiencia de vida es una inapreciable narración abierta, la cual puede ir escribiendo conforme va eligiendo sus acciones. Sin duda ser como las demás es una tentación, pues si una mujer no se adapta a los mandatos comunes y normas en el ser, atribuidos a su sexo, se sentirá amenazada por una temible exclusión social y soledad. Sin embargo, no olvidemos que, de modo consciente o inconsciente, a las personas nos avergüenza y frustra profundamente no ser nosotras mismas y contentarnos con actuar para agradar a otros, aunque las mujeres estemos más acostumbradas a hacerlo y a ocultar en la sombra lo que somos y cómo somos verdaderamente. Lo hemos hecho a lo largo de los siglos. Pero eso no cambia las cosas, acostumbradas o no, nos frustramos igual. No nos satisface desear lo que supuestamente las demás desean. No obstante, saber lo que se desea de veras es uno de los problemas más complejos que nos atañen y aclararnos con nosotras mismas es nuestra tarea, de ningún otro.

La verdad, nuestra verdad, está en nuestra experiencia vivenciada, por tanto hay que estar atentas a lo que sentimos y a lo que pensamos al vivir en nuestro mundo, al habitar nuestra piel sexuada y sexual. A menudo, se requiere de considerable esfuerzo para reconocer que lo que supuestamente te debería hacer feliz como mujer que eres, no te satisface en absoluto, y llegar a la conclusión de que por eso no se es ninguna «anormal» ni ningún «monstruo», simplemente una mujer concreta con todo el derecho a buscar su sendero hacia el bienestar y la felicidad.

---

[112] «El "conócete a ti mismo" constituye uno de los fundamentales mandamientos capaces de asegurar la fuerza y la felicidad de los hombres». Fromm, Erich: *La vida auténtica*, Barcelona, Paidós, 2008, p. 84.

La mujer consciente procura ser leal consigo misma a la hora de reconocer sus vivencias y pensamientos. No se empeña en fingir ser un ideal andante, ni en ser perfecta para adquirir valor. Sabe que es imperfecta por ser real, por ser concreta y carnal. Procura descubrir sus verdaderas necesidades y responsabilizarse de sus propios deseos, tanto de los elevados y positivos como de los que no lo son. Es su decisión intentar realizarlos o no. Acepta y valora que esos deseos convivan en la hondura de su carnalidad, haciendo nacer en el sí-mismo una multitud de motivos, pulsiones, manías...[113]

Las mujeres tenemos que reclamar la legitimidad de nuestras experiencias. Es conveniente comprender por qué y para qué las realizamos, cómo las construimos. Somos sujetos existentes y nos modulamos al vivir, nos creamos en nuestras experiencias del día a día. Las potencialidades que permanecen sin manifestarse en nuestra infinita y rica hondura carnal emergen de su oscuridad, de su olvido, y se actualizan al expresarse, fortaleciéndose y desarrollándose en la repetición. Por eso es tan importante la actividad en sí misma —el proceso—, pues nos modula y crea, y no tanto el logro de metas o fines propuestos. No olvidemos que nuestro fin más sagrado es completar nuestro desarrollo como sujeto existente pleno, y, por tanto, carnal, sexuado y sexual. Lo que hacemos es importante porque nos hace a nosotras, nos va creando con las alas extendidas en pleno vuelo o dobladas en la limitada andadura, predeterminada por otros, presentes o no.

La experiencia de la actividad en el instante vivenciado, aquí y ahora existencial, es una importante fuente de reafirmación, un goce que puede proporcionarnos momentos privilegiados de creación. Así que vale la pena estar atentas a lo que hacemos y procurar

---

[113] «Tenemos que aprender a parir con individualidad, con historia única en cada parto. Sin sentirnos exhibicionistas, construir en nosotras la especificidad y no reforzar la ética de la invisibilidad —yo le llamo la ética de la sombra— con que nos han educado. Nos enseñan a ser sombras y a sentirnos mal si resaltamos cosas propias; sobre todo si son aspectos existenciales y, en cambio, a sentirnos bien si son aspectos estéticos o de obediencia». Lagarde y de los Ríos, Marcela: *Para mis socias de la vida*, Madrid, Horas y horas, 2005, p. 69.

hacerlo bien, sabiendo que lo que hacemos es importante para nosotras mismas y para otros. Es bueno estar atentas en el presente, pues es una mágica fracción de la eternidad. Ya es hora de que tomemos el mando de nuestras cosas y nos responsabilicemos como autoras en nuestra experiencia de vida. Nadie vendrá a salvarnos. Es hora de cambiar de actitud y atrevernos a transformar aquello que queremos transformar para vivir mejor en nuestra piel, respirar mejor, sin miedo a *ser*, cambiar para volar más libres.

No es muy productivo culpar a otros o a la sociedad de una vida frustrada, tengamos o no razón, porque malgastamos una energía preciosa en rebeliones negativas, que no conducen a conseguir nuestras metas. Ser conscientes en nuestro presente nos ayuda a aclararnos y nos da la sensación de dirigir nuestro destino. Solo queda arriesgarnos calibrando los posibles daños, ya que no todos son asumibles en cada momento vivido, y luego, hacer en una dirección transformadora. Con frecuencia, las mujeres conseguimos notables transformaciones introduciendo pequeños y aparentemente insignificantes cambios. Se trata de ir en la dirección marcada y resistir las contrariedades que surjan. No obstante, hay que tener en cuenta que nuestras capacidades no son inalterables, que nuestras fuerzas están limitadas por la debilidad del ánimo, el cansancio, la pereza, la ignorancia y el olvido, los malos hábitos, los miedos, la indecisión, la timidez... La inconsciencia en el ser nos conduce al estancamiento y a fracasar en la tarea de crearnos. Sin embargo, tengamos muy presente que tomar el destino en nuestras propias manos nos puede inspirar más que esperar que otros lo tomen por nosotras, y vengan a socorrernos como si no fuésemos sujetos adultos[114].

El camino que se compone de sucesivas verdades propias, adquiridas en nuestra experiencia, nos reafirma en lo que potencialmente somos; vamos ganando en autoestima y autoridad. Una vez más, es importante estar atentas y concentradas en nuestro presente, en nuestra cambiante piel. Es bueno tener en cuenta que las

---

[114] Nin, Anaïs: *Ser Mujer*, Madrid, Debate, 1979, pp. 33-34.

mujeres nos hemos habituado a pensar en concordancia con lo que experimentamos en nuestra sintiente piel; nuestro pensamiento se entrelaza con nuestras sensaciones, emociones y sentimientos. El cuerpo-palabra de las mujeres vibra en la experiencia en sí mismo y en la escucha de otros cuerpos. El cuerpo vivenciado es una fuente de conocimiento para nosotras. Las palabras brotan de él y rebotan en él como si fuesen notas musicales que lo mueven y lo conmueven.

Por otra parte, el cuerpo es un recordatorio de lo aprendido, tiene memoria que enlaza su viva carnalidad con sus significaciones. La feminidad se aprende, inscribiéndose en el cuerpo sexuado y sexual de la mujer, en su manera de mirar, de percibir, de valorar, interpretar, soñar y comportarse. Es conveniente comprender que, en nuestro proceso de socialización, hemos internalizado unos límites en el ser mujer, los cuales han impregnado el cuerpo-palabra que somos. Esos límites pueden manifestarse en forma de una emoción corporal, como la vergüenza, timidez, pudor, ansiedad, culpabilidad..., y expresarse como sonrojo, estremecimiento, turbación verbal o tartamudeo, torpeza, temblor... En su trasfondo, se esconde la costumbre de ocultarse y someterse al juicio dominante, incluso a pesar de una misma y en contra de lo que le pediría el cuerpo existente consciente, autor de su narración vital. Hemos internalizado las censuras inherentes a las sociedades en las que nos formamos como sujetos en relación con otros, sin apenas darnos cuenta de ello[115].

---

[115] «El efecto de la dominación simbólica (de un sexo, una etnia, una cultura, una lengua, etc.) no se ejerce en la lógica pura de las conciencias cognitivas, sino en la oscuridad de las disposiciones del habitus, donde están inscritos los esquemas de percepción, evaluación y acción que fundamentan, más acá de las decisiones del conocimiento y los controles de la voluntad, una relación de conocimiento y reconocimiento prácticos profundamente oscura para sí misma. Así pues, sólo puede comprenderse la lógica paradójica de la dominación masculina, forma por antonomasia de la violencia simbólica, y la sumisión femenina, respecto a la cual cabe decir que es a la vez, y sin contradicción, *espontánea y extorsionada*, si se advierten los *efectos duraderos* que el orden social ejerce sobre las mujeres, es decir, las disposiciones espontáneamente concedidas a este

Nos habituamos a sacrificar nuestros deseos y necesidades de desarrollo personal, cumpliendo el papel que se nos asigne en la sociedad por ser mujeres. Olvidamos nuestros sueños y nos conformamos con ser como se supone que somos las mujeres, en vez de conocer la verdad de quiénes somos, de quién es cada una en su sexuada piel. Sin embargo, no necesitamos tanto a los demás para confirmarnos en nuestro ser, sino a nosotras mismas: somos las imprescindibles en este proceso. Ya es hora de que las mujeres asumamos nuestras propias ideas, interpretaciones y valoraciones respecto de nosotras, de los otros y del mundo que nos rodea e incluye. Por encima de todo, tenemos que respetarnos a nosotras mismas y aprender a cuidarnos a modo de mejor amiga. Si una mujer no se respeta, los demás tenderán a no respetarla. No entreguemos nuestro alma para ser aceptadas, reconocidas y deseadas por otros. Reconozcámonos nosotras en nuestra hondura carnal de ser reales, concretas y singulares, y en nuestras posibilidades de acción para modificar la realidad, aunque sea la más próxima, nuestro pequeño-gran mundo inmediato.

La posición de sujeto en la narración existente de vida significa que es posible afrontar los acontecimientos vitales e intentar resolver casi lo que sea. Hay que prepararse para que eso pueda suceder; no nos viene dado simplemente por ser. Es importante partir de la creencia de que la vida propia es un asunto personal e intransferible, que es lo más trascendente para una misma, pues somos cuerpos-palabra vivos, que vamos construyendo nuestra historia, nuestra biografía, instante a instante vividos. Las mujeres tenemos que ser conscientes de que el poder de transformación de aquello que queremos cambiar está también en nosotras, no solo en la suerte, el azar o las disposiciones políticas y sociales[116].

orden que la violencia simbólica les impone». Bourdieu, Pierre: *Meditaciones pascalianas*, Barcelona, Anagrama, 1999, p. 225.

[116] «Para ser sujetas, necesitamos enfrentar esos dos componentes de la transformación de género de las mujeres: la omnipotencia y la impotencia. Las mujeres somos omnipotentes para todo el mundo e impotentes para enfrentar incluso pequeños problemas de la vida cotidiana que tienen que ver con nosotras

Somos muy poderosas, y si eso es lo que creemos, será más fácil para nosotras construir nuestra narración en concordancia con lo que deseamos, porque las creencias se acompañan de expectativas y van inscribiéndose en la realidad que nos proyectamos experimentar, y las experiencias nos van haciendo como mujeres reales que viven su vida.

Tenemos que ser conscientes de que lo que pensamos, sentimos, soñamos y hacemos va nutriéndonos moldeando el cuerpo-palabra sexuado y sexual que somos. Las mujeres tenemos el poder para cambiar de estilo narrativo, si es eso lo que decidimos conscientemente y nos empeñamos en lograr. Y si para eso hay que desaprender lo aprendido, desaprender ser como tradicionalmente se ha considerado que somos las mujeres, y trascender la misoginia internalizada en nuestro proceso de socialización, aunque sea difícil de conseguir, merece la pena persistir en esa titánica tarea[117].

Las mujeres conscientes procuran elegir bien entre sus opciones de acción. A menudo tienen que decidir dejar de hacer cosas que parecen importantes para otros, y no seguir fielmente los comportamientos femeninos más usuales, cómodos por ser aceptados y valorados, que, sin embargo, distraen del camino trazado, libremente elegido desde una misma. Esas decisiones pueden ser tachadas de impropias o de egoístas para una mujer, pero la mujer consciente de lo que quiere hacer y construir las toma contra

---

mismas. De un lado somos todopoderosas, de otro no nos atrevemos y todo nos causa miedo. La impotencia aprendida es uno de los elementos que inhiben el desarrollo de la autonomía. Y atrás de la impotencia está el miedo a la libertad como el gran miedo internalizado por las mujeres». Lagarde y de los Ríos, Marcela: *Para mis socias de la vida*, Madrid, Horas y horas, 2005, pp. 92-93.

[117] «La misoginia a veces escoge cebarse en mujeres particulares. Cada una de nosotras hemos aprendido a ser misóginas y nuestro drama es que lo somos con nosotras mismas. Nos desvalorizamos, nos minimizamos, no confiamos en nosotras, nos hostilizamos, descuidamos o nos agredimos a nosotras mismas. El autoboicot es parte de este fenómeno y se expresa en ponerse obstáculos, impedimentos, desmerecer las habilidades, las capacidades. La misoginia es uno de los componentes más importantes de la baja autoestima de las mujeres». Lagarde y de los Ríos, Marcela: ob.cit., p. 287.

viento y marea. Las mujeres somos capaces de afrontar los conflictos que puedan surgir por querer ser una misma, somos capaces de resistir las vicisitudes antagonistas. De todas formas, la mujer consciente de sí misma procura gestionar de la mejor manera sus recursos en el momento presente. No juega a fracasar confirmando su desvalimiento. Tiene coraje.

Debemos tener claro que nadie puede transmitirnos su experiencia de hacer por nosotras lo que deberíamos haber hecho nosotras mismas. La que hace algo es la que lo hace, no otra persona. Podremos beneficiarnos del resultado final de lo conseguido por otros e introducirlo en nuestra vida, pero de lo que no nos podremos beneficiar es de la experiencia de haberlo logrado por nosotras, del efecto de la actividad en sí, del proceso, que es lo que moldea reforzando al cuerpo-palabra en su narración biográfica, en su vuelo por la vida. Nada está escrito en nosotras hasta que dejemos que se escriba, hasta que lo escribamos nosotras por acción o por omisión, de manera explícita o implícita. Cada cual es responsable de sus elecciones y acciones. Es conveniente decidir conscientemente.

Comprender, comprenderse, conocer y conocerse conlleva un gran placer existencial en el vivir a gusto en la propia piel[118]. Una mujer consciente elige los placeres que quiere experimentar. Prefiere los placeres de la lucidez en el ser a los propios de las ensoñaciones, fantasías y entretenimientos enajenantes, sustitutos del gran placer de ser ella misma. La consciencia de ser mujer se entrelaza con la consciencia de una libertad existente[119]. Y desde nuestra libertad, podemos decidir avanzar en la dirección deseada, venciendo luchas internas y externas, dificultades, dolor, dudas, desgarramientos, culpabilidades...

---

[118] «Existe una felicidad distinta a la amorosa o doméstica, la felicidad del conocimiento». Fraisse, Geneviève: *Musa de la razón*, Madrid, Cátedra, 1991, p. 57.

[119] «El placer de ser mujer consiste, precisamente, en esta libertad de acción y elección de placeres. Que nadie piense que esta elección es algo fácil. A fin de cuentas, lo único que sabemos es que nos hemos movido entre espejismos». Rivière, Margarita: *El placer de ser mujer*, Madrid, Síntesis, 2995, p. 166.

El miedo y la indecisión son nuestros peores adversarios: miedo a llegar a *ser*, miedo a no lograrlo, miedo a ser abandonadas, a la soledad, a la invisibilidad, al rechazo de los otros, a la violencia, a ser maltratadas o violadas... En nuestro proceso de socialización, las mujeres hemos aprendido a temer. El miedo es un eficaz instrumento para paralizarnos y minar nuestro espíritu, nuestras fuerzas en el vivir, mutándonos en resignadas siervas o colaboradoras sumisas. El miedo nos limita, empobrece nuestra acción, nuestra imaginación y creatividad, nos corta las alas, nos quita la libertad.

Por otra parte, desde nuestra tierna infancia, las mujeres hemos aprendido a ganarnos a los otros por ser buenas, cariñosas, comprensivas, auxiliadoras, amables... Lo hemos aprendido tan bien que nos sale de manera natural, sin apenas proponérnoslo[120]. Pero ser buenas no es sinónimo de sumisión o enajenación existencial. La mujer consciente no renuncia a sí misma por ganarse a los otros, quiere completar su propia narración biográfica, no pretende olvidar quién es ella en la infinita y respetable tarea de servir o de ayudar a otros. La mujer consciente tiene presentes sus deseos y necesidades en cada etapa de la vida y procura acompasar sus dos tendencias —la de ser en sí y la de ser junto a otros, en continuada relación con ellos—. No está dispuesta a sentirse culpable por querer ser un sujeto existente con pleno derecho a su propio desarrollo: ella es sujeto. No va a pedir permiso a nadie para ser, va a *ser*. No va a pedir perdón por no cumplir las expectativas de los demás; se atreve a *ser*. Ella tiene sus propios deseos y va a intentar realizarlos. Por lo menos lo va a intentar, empeñándose en el proceso de ser ella misma. Sabe que la culpa es una trampa mortífera para avanzar en su propio desarrollo. La mujer consciente se toma en serio, no es una bonita marioneta en una narración ajena. Es responsable de *sus* acciones y comprende que no es responsable

---

[120] «El mayor obstáculo que han de vencer las mujeres es el de querer gustar y caer bien a todo trance. A cambio, renuncian a la autodeterminación, a la independencia y al poder. En lugar de "encontrarse" a sí mismas, se alejan cada vez más de sí mismas». Ehrhardt, Ute: *Las chicas buenas van al cielo y las malas a todas partes*, Barcelona, Debolsillo, 2003, p. 16.

de lo que los demás elijan hacer o no, porque eso está fuera de su control. Los demás son los demás y son responsables de sus propias elecciones.

La mujer consciente va perdiendo el miedo a ser ella misma y se enfrenta a los conflictos que aparecen en su camino. Es frecuente que los cambios en la vida de las mujeres se acompañen de conflictos, pero merece la pena afrontarlos y resistir. Nos va mucho en ello. Los cambios en nosotras afectan también a otros y, poco a poco, nuestra realidad y el mundo que nos incluye se van transformando a su vez. Es nuestro granito de arena en la transformación del mundo en uno más justo y digno, en uno más verdadero, bondadoso y bello.

Debemos tener en cuenta que las mujeres, por nuestra educación, solemos evitar los conflictos, pues nos disgustan, nos alteran y atemorizan. Estamos habituadas a ser buenas chicas, amables, conciliadoras, colaboradoras... Sin embargo, en la experiencia vivida, los conflictos son inevitables y necesarios, porque nos hacen crecer al enfrentarnos con ellos y superarlos. No debemos evitarlos sino aprender a gestionarlos bien, siempre aprendiendo, tengamos la edad que tengamos. No se nos debe olvidar que aunque deseemos gustar, parecer buenas y ser queridas y deseadas, nuestro deseo más profundo es ser nosotras mismas, ser autoras de nuestra palabra personal, de nuestra existencia vivida instante a instante en el silencioso palpitar del sí-mismo carnal[121]. Y ser autora equivale a decidir y elegir, a dejar de vivir la vida como algo dado, como algo trazado por otros sin posibilidad de nuestra intervención para cambiarlo. Quizás, los otros no estén contentos con nuestra determinación a *ser*, o a lo mejor sí, mas es algo secundario. Lo primario es nuestro propósito de *ser*, nuestro compromiso con nosotras mismas en esa compleja tarea.

---

[121] «Cuando se conoce la diferencia entre el deseo que se tiene de ser deseable y el deseo de tomar las propias decisiones, se entiende con más claridad cómo enfrentarse a las presiones que surgen internamente y en los demás, y cuando una se toma personalmente en serio». Young-Eisendrath, Polly: *La mujer y el deseo*, Barcelona, Kairós, 2000, p. 198.

No olvidemos que hace falta mucho valor para que una persona viva su propia vida con autenticidad, sin disimular, sin fingir, sin tratar de engañarse. Pero las mujeres somos valientes si la causa lo merece, y desde luego, esta sí lo merece. Además, al lograr superar los conflictos y las dificultades ganamos en autoestima, nos valoramos y nos respetamos más a nosotras mismas, aunque la mujer consciente se da cuenta de que una gran parte de su autoestima se vincula con la estima que los otros le atribuyan por cumplir bien el papel que se le asigne en la sociedad. Lo ha aprendido en su proceso de socialización. Sin embargo, la mujer consciente no se conforma con someterse, busca sus propios valores[122]. Sabe que su propia experiencia vivida, sus acciones, son las que alimentan su autoestima como sujeto existente real. La verdadera autoestima se relaciona con la autonomía en el ser, no con el adecuado cumplimiento de los mandatos de otros. La verdadera autoestima se genera en nuestro interior mientras actuamos como autoras de nuestras palabras y hechos, mientras nos responsabilizamos de nosotras mismas en el vivir como sujetos carnales y no como objetos irreales de deseos ajenos.

La mujer consciente elige ser sujeto de sus deseos y de sus acciones, no un objeto de adorno, que se contenta con ser mirado y alabado, con ser objeto de deseos de otros. La mujer que es tratada como un objeto se cosifica y se enferma en la profundidad del sí-mismo carnal, su identidad individual se resquebraja[123]. La mujer consciente se da cuenta de cómo los ideales de belleza femenina

---

[122] «Es evidente que la dimensión tradicional de la autoestima es una construcción identitaria patriarcal que coloca a las mujeres en dependencia vital bajo control y, muchas veces, también bajo sometimiento. La identidad de las mujeres como *seres-para-otros* es la base de la autoestima mediada por la estima de *los otros*». Lagarde y de los Ríos, Marcela: *Claves feministas para la autoestima de las mujeres*, Madrid, Horas y horas, 2000, p. 89.

[123] «Hasta que las mujeres se nieguen a vivir conforme a la creencia de que el poder femenino se basa en la belleza, seremos incapaces de alcanzar el próximo nivel de nuestro desarrollo, la capacidad de conocer y mantener nuestras propias verdades en todos los dominios de nuestra existencia». Young-Eisendrath, Polly: *La mujer y el deseo*, Barcelona, Kairós, 2000, p. 46.

actúan sobre ella, de cómo la descalifican por ser real y carnal, imperfecta en su concreción, e interfieren con su desarrollo personal. Esos ideales de belleza son inalcanzables precisamente por ser ideales.

Es verdad que, en nuestras sociedades, la belleza femenina se ha replanteado también según el principio moderno de la omnipotencia sobre uno mismo, señalando hacia el éxito, el bienestar, el equilibrio y el logro personal[124]. La industria de consumo ha utilizado ese mito para obtener enormes ganancias, inculcando a los individuos nociones sobre la belleza, la salud, la imagen corporal, la higiene, el éxito personal... Se han creado tendencias y modas, que enajenan a las mujeres y a los hombres, obligándoles a gastar mucho dinero en huidizos espejismos de felicidad. La mujer consciente se da cuenta de que el empeño de estar siempre guapa y tener un cuerpo bello, acorde a los cánones de belleza vigentes en su sociedad, le consume mucho tiempo, tiempo que podría invertir en otros propósitos, como, por ejemplo, estudiar, leer, aprender, crear... Entiende que si se conforma con atraer y seducir, implícitamente reconoce que su poder en el ser es indirecto, y está relacionado con el poder de los otros a los cuales atrae y seduce.

En realidad, una mujer que apuesta sobre todo por su belleza se devalúa en parte, se vuelve dependiente en el ser, una prisionera de un sistema que la minusvalora por ser mujer. Eso ocurre de forma «natural», apenas perceptible, al seguir la mujer las normas y perseguir los mitos de felicidad, que internaliza como propios. La mujer consciente decide apostar por el saber y, así, apuesta implícitamente por el poder en sí misma, por la independencia y la felicidad en el ser. Sí, felicidad, porque la felicidad, el saber, la autonomía individual y la independencia, también la económica, están muy relacionados[125]. No olvidemos que cuanto más prepara-

---

[124] Lipovetsky, Gilles: *La tercera mujer*, Barcelona, Anagrama, 1999, p. 163.

[125] «El problema del saber es también, necesariamente, el del poder. A la redefinición de los espacios público y privado en que se trata del lugar de las mujeres, se añade una preocupación relativa al derecho del individuo de obte-

das estemos para la vida, mejor nos irá como sujetos que somos. El saber de las mujeres se hermana con el poder en sí misma y en su relación con los demás, con el poder social, económico y político.

Una mujer consciente en el ser sabe que la independencia económica es vital para ella para no tener que ser una sierva de nadie, para no venderse en lo más profundo del sí-mismo carnal a cambio del sustento, para conservar su poder de decisión. Ella se sostiene económicamente. Es su billete para la libertad. Puede decidir quedarse o marcharse, si es eso lo que quiere. La dependencia económica es peligrosa para la salud psicológica de una mujer, la subyuga a otros y enmudece sus palabras de igual a igual[126]. La dependencia económica es una situación de riesgo para una mujer.

Así que, la autonomía económica de las mujeres es primordial para la autonomía en el ser mujer. La consciencia en el ser mujer lo tiene muy en cuenta. La mujer consciente entiende los riesgos de depender de alguien económicamente y lo evita. Aunque las mujeres nos cansemos trabajando en ambos espacios, el público y el privado, aunque nos cueste mucho compaginar la carrera profesional con el cuidado de otros, sobre todo con la maternidad, pues se generan continuos conflictos existenciales y tensiones que nos desequilibran profundamente, merece la pena implicarse en conseguirlo. No debemos perder nuestra independencia, ya que posibilita la libertad en el ser mujer, nuestro vuelo razonablemente libre en la vida. Y es bueno que entendamos que la autonomía se vuelve difícil de lograr mientras los productos de nuestro tra-

---

ner saber y poder». Fraisse, Geneviève: *Musa de la razón*, Madrid, Cátedra, 1991, p. 38. Y añade: «La felicidad y la razón están unidas, porque saber razonar es un acto de libertad interior, prolegómeno de toda vida feliz». p. 81.

[126] «Tal vez olvidemos, o nunca hayamos sabido, que el trabajo pagado tiene mucho que ver con la posibilidad de mantener a flote nuestra confianza en nosotras mismas y nuestra autoestima, alentándonos a sentir que somos legítimas en una sociedad que considera la independencia económica como un signo de la vida adulta. Para ofrecerse a sí misma como igual en una relación que implica un mantenimiento económico, como el matrimonio, se necesita saber que podemos mantenernos a nosotras mismas». Young-Eisendrath, Polly: *La mujer y el deseo*, Barcelona, Kairós, 2000, p. 135.

bajo sean expropiados por otros. Las mujeres tenemos que valorar nuestro trabajo y reconocer la importancia que tiene.

En las sociedades patriarcales, las mujeres hemos sido educadas para apoyar, cuidar y servir para satisfacer las necesidades de otros, sobre todo de nuestros otros significativos. Detectamos sus necesidades casi sin palabras dichas y procuramos satisfacerlas sin siquiera esperar que nos lo pidan. Las mujeres, salvo algunas llamativas excepciones, apoyamos solidariamente el desarrollo de los demás, y eso es algo muy nuestro y hermoso. Conviene tenerlo en cuenta, valorarlo y respetarlo. La mujer consciente intentará emanciparse sin dejar de lado a sus otros importantes, ni tampoco a costa de ellos; entiende que no puede fallarles. Procurará hacerlo con ellos y beneficiarles desde y con su independencia. La mujer consciente se autoafirma sin anular a otros, aporta su riqueza en el ser para hacer que la vida de sus otros sea mejor, más agradable y próspera, más interesante; comparte, cuida, hace crecer.

La consciencia en el ser mujer descubre la existencia del compromiso ético femenino de solidaridad con los otros, de su cuidado en todos los sentidos. Pero es bueno que la mujer consciente no olvide nunca que la equivalencia humana es el principio que debería regir nuestras relaciones con ellos. Es importante tenerlo muy presente, porque las mujeres nos desenvolvemos en una constante contradicción entre la supuesta igualdad y la desigualdad real entre los sexos. Parece que las cosas que hacen otros, sobre todo los otros de sexo masculino, son más importantes que las que hacemos nosotras; sin embargo, eso no es así. Las mujeres hacemos lo más extraordinario, dar vida en nuestro interior y vincularnos con los hijos en su crecimiento, en estrecha e íntima relación por la eternidad de nuestro tiempo. ¡Esto además de todo lo demás! ¡Somos increíbles! Es hora de que nos respetemos profundamente en lo que somos y demandemos que los otros también lo hagan, que nos respeten seamos feas o guapas, bajitas o altas, flacas o gordas, viejas o jóvenes. Seamos como seamos, cada una de nosotras es una irrepetible melodía capaz de crear seres, cosas y mundos, capaz de transformar la realidad.

Conviene ser conscientes de nuestro poder y no bajar la mirada nunca más cuando los otros proyecten en nosotras sus propias ensoñaciones, cuando intuyamos que no encajamos en sus fantasmales expectativas. No se trata de que nosotras seamos las inadecuadas; la relación entre los sexos, entre las personas de carne y hueso es la que lo es. Habría que tornarla más humana y digna, incluso, oponiéndonos al continuo bombardeo de sociedades misóginas, de una sociedad de consumo que tiende a convertir a seres humanos en mercancías de compra-venta. La solución no es medicar a las mujeres que acusen un profundo descontento existencial ni patologizar su malestar, sino cambiar el sistema que nos hace daño[127]. Las mujeres no tenemos por qué sufrir para existir, ni existir para sufrir. Es nuestra tarea construir una concepción realista de la vida, de nosotras mismas, de los otros, del amor, de las relaciones de pareja... Nos va en ello nuestra felicidad en el vivir día a día junto a otros reales. Las mujeres tenemos que cambiar de enfoque para transformar aquello que queremos transformar. Tenemos que ser conscientes de que somos cuerpos-palabra existentes y la existencia deviene y transcurre en la continuidad de la biografía vivida, en un sostenido moldeamiento de nuestra carnalidad sexuada y sexual, siempre en transformación carnal en su tiempo-espacio vivido.

La mujer consciente se sabe sexuada y sexual. Su identidad se entreteje en su condición sexual de ser mujer. Ahora bien, eso que se entiende por ser sexual, lo que ha aprendido desde pequeña, puede resultar confuso y turbador. Vivimos y nos socializamos en un mundo de imaginación sexual masculina, que, en vez de aclararnos las dudas, a menudo, desconcierta y despista aún más. Las imágenes masculinas del poder sexual femenino distorsionan nuestro imaginario, nos turban impactando en el cuerpo-palabra de manera repetitiva y performante.

Las mujeres, por lo general, aceptan, de modo explícito o implícito, que su ser sexual se escribe desde su impulso hacia el hom-

---

[127] Greer, Germaine: *La mujer completa*, Barcelona, Kairós, 2000, p. 275.

bre, en un afán de complacerle, seducirle y satisfacerle. Algunas lo cuestionan ya en su juventud, pero la mayoría, en la madurez de sus años, si es que lo hace. La sombra de la tendencia fusional se proyecta sobre la condición sexual femenina y, en nuestras sociedades patriarcales, es alimentada de múltiples y diversas maneras, pues asegura el gobierno de los hombres sobre las mujeres, contribuye a que el orden de las cosas se perpetúe de forma «natural» e imperceptible[128]. Las mujeres desean ser deseables y deseadas por los hombres y eso entorpece su camino, socava su autoconfianza y su autodeterminación. ¿Qué desean las mujeres? ¿Ser deseables y deseadas por encima de todo, cueste lo que cueste? La mujer consciente desea ser ella misma, desea estar a gusto en su real piel y desea un buen trato por parte de los otros, que la reconozcan en su imperfecta concreción y que la acepten tal como es.

Las mujeres tenemos que hacer emerger el amor propio, que se esconde en algún recoveco de nuestra infinita hondura carnal, y recuperar nuestra palabra. Y tras recuperarla, decirla, gritarla, susurrarla..., repitiéndola todas las veces que haga falta. ¡Que no nos contentemos con ser objetos de deseo de otros, sus complacientes complementarias! Las protagonistas de nuestras vidas somos nosotras, no los otros con los cuales nos relacionamos. Construimos nuestra subjetividad existente, nuestra personal narración biográfica al vivir nuestra propia condición sexual femenina desde la autenticidad con una misma y no como un reflejo o una extrapolación de la condición sexual masculina, ni tampoco desde la comparación enajenante con ella.

La mujer consciente valora el hecho de ser mujer. Acepta que es sexuada y sexual, y trata de comprender lo que eso significa, de buscar palabras y significados que lo aclaren. Intenta entender có-

---

[128] «Tal como una mujer manifestó: "El sexo se emplea claramente como panacea universal para mantener pacíficas a las masas y evitar que comprendan el vacío, falta de sentido y alienación de sus vidas de trabajo". Es interesante notar en este contexto que la revolución sexual llegó en un momento en el que para los Estados Unidos era un problema la inquietud social y política». Hite, Shere: *El informe Hite. Estudio de la sexualidad femenina*, Madrid, Suma de Letras, 2002, pp. 557-558.

mo vive su propia sexualidad, qué espera en ese terreno, qué desea, sus «síes» y sus «noes», sus maneras de hacer... Se da cuenta de que a las mujeres nos han educado mal para ser sujetos de nuestra propia sexualidad. La mujer consciente se atreve a revisar sus significados al respecto y lo hace no desde la crítica o desde el afán de adecuación a la supuesta normalidad, sino para vivir mejor, para ser más feliz en su sexuada piel en relación con otros. Debemos comenzar por nosotras mismas para introducir cambios en nuestro entorno y no fingir más, no vivir como si estuviésemos satisfechas con ser actrices secundarias en nuestras personales historias de sexo y/o amor.

Para alcanzar un deseado bienestar en nuestra sexuada piel y en nuestra interacción con otros carnales, lo primero es ser consciente de que somos un cuerpo existente, hermoso y único en su concreción irrepetible. Somos un cuerpo sexuado y sexual, y nuestro autoconocimiento es decisivo para manifestarnos como autoras de nuestra propia narración sexual, para autoafirmarnos sexualmente. Somos dignas e imperfectas, un trepidante misterio que se va desvelando suspiro a suspiro en la caricia sentida o en su falta. Es importante que nos conozcamos a nosotras mismas.

Las mujeres somos libres para descubrir nuestra sexualidad. Las peores barreras para ello están en nuestro interior, en nuestra propia mente, contaminada con las falacias internalizadas. El dejar de censurar el cuerpo real que somos, el dejar de relegarlo a la mudez, a la no existencia en primera persona, a la represión continuada en el ser es un buen comienzo para alcanzar el tan deseado bienestar, para disfrutar en la sexuada piel y lograr ser feliz sexualmente. ¡Ya basta de compararnos y medirnos por la vara de otros! Es un camino a ninguna parte. Solo podemos perder porque somos mujeres reales, no ensoñaciones, ni ideales andantes. Si reprimimos lo sexual en nosotras, empobrecemos lo que somos[129].

---

[129] «Eres el principio de todo, si no puedes contar contigo misma no hay nada que hacer. La autoestima, es decir, quererse y aceptarse a una misma, es primordial para ir por la vida, también para vivir nuestra sexualidad». De Béjar, Sylvia: *Tu sexo es tuyo*, Barcelona, Plaza & Janés, 2001, p. 71.

El ser consciente en nuestra propia piel se vincula con aceptar lo que se es, aceptar la propia corporalidad y no avergonzarse por no parecer perfecta, ni sentirnos culpables. Todas las mujeres, seamos como seamos, podemos disfrutar en nuestra sexuada piel sintiente. El placer no se vincula con ser bella, delgada y joven. Las mujeres existentes disfrutamos de muchísimas maneras. También podemos conseguir disfrutar muchísimo en nuestra sexualidad si logramos vencer nuestras propios prejuicios, deshacernos de la «basurita mental» que todas tenemos. Es importante creer en una misma para llegar a ser. Es bueno ir descubriendo nuestro propio camino al placer, al estar a gusto y, si lo queremos, compartirlo con otros. El correr tras placeres que no lo son para nosotras, aunque supuestamente deberían serlo, es una cara equivocación. Nos quita la energía vital, apaga nuestra luz. Las mujeres no debemos fingir, ni olvidar y renunciar a lo que somos, a lo que queremos y deseamos.

La consciencia en el ser mujer se entrelaza con la capacidad de atención, con la sensibilidad a una misma, con la concentración en el momento vivido y la franqueza con una misma. Hay que estar atenta a lo que se percibe y se siente[130]. Es conveniente conocerse bien, saber lo que nos gusta y lo que no.

Así, poco a poco, nos habituaremos a creer que nuestro placer es importante para nosotras mismas y no nos comportaremos como si fuera algo secundario o sobreañadido, como si fuera un regalo que nos hacen otros, su deber o su responsabilidad. La mujer consciente se responsabiliza de su propio placer, sabe qué le produce placer y qué no, y si todavía no ha logrado descubrirlo, ya es hora de que lo haga. El autoconocimiento sexual es una gran base para el bienestar existencial. Y para ello es importante estar bien

---

[130] «Si uno se concentra plenamente, lo que hace en cada momento es la cosa más importante de la vida. Si me concentro cuando hablo con alguien, cuando leo, cuando camino, cuando desarrollo cualquier actividad, no hay nada más importante que lo que hago aquí y ahora. La mayor parte de la gente vive en el pasado o en el futuro, pero no existe el pasado o el futuro como experiencia real. Sólo existe el aquí y el ahora». Fromm, Erich: *La vida auténtica*, Barcelona, Paidós, 2008, pp. 164-165.

informada. El vivir consciente se relaciona con el aprendizaje del profundo autocuidado de sí misma como sujeto existente integral.

4. EL SUJETO EXISTENTE INTEGRAL MUJER

De nuevo, todo lo que hemos escrito anteriormente sobre el sujeto existente integral es aplicable al sujeto mujer[131]. Y no lo vamos a repetir aquí. Trataremos de las especificidades en el ser mujer, una conciencia existente hecha carne sexuada y sexual, un verbo vivo con intenciones de llegar a completar su desarrollo, con la esperanza de narrar su propia historia, escrita en verso o en prosa, y siempre grabada en la composición biográfica que somos, vulnerable y hermosa en nuestra infinita hondura carnal, en nuestra trémula realeza.

La consciencia de ser mujer impregna la totalidad existente del cuerpo-palabra femenino. Sin embargo, son la significación y los significados que le atribuyamos a este hecho los que connotan el resultado del proceso cognoscitivo. Paulatinamente, en nuestra andadura a lo largo de los siglos, las mujeres nos hemos ido decidiendo a buscar nuestras propias verdades al respecto de ser mujer, diciendo «sí» a una nueva concepción de nosotras mismas. Algunas queremos hacer nacer nuevos significados en nosotras e, incluso, compartirlos con otros[132].

Las mujeres actuales hemos comprendido que dependemos de nosotras mismas. Es nuestra tarea cambiar de creencias y de actitud frente a la vida, nuestra vida. Tenemos que renacer de las cenizas de las falsedades asfixiantes, que hemos internalizado en el

---

[131] Arnaiz Kompanietz, Anna: *El sujeto existente*, Madrid, Biblioteca Nueva, 2010, pp. 70-77.

[132] «Lo que hace falta es tener el coraje suficiente para cuestionar los diversos aspectos de la feminidad que hemos llegado a dar por sentados como constitutivos de las personas que somos. En ese examen penoso de las corrupciones de nuestro espíritu, también es necesario escrutar el trueque fáustico que hemos realizado con el mundo social en el que vivimos». Kaplan, Louise: *Perversiones femeninas*, Buenos Aires, Paidos, 1994, p. 358.

proceso de nuestra socialización en unas sociedades que nos desvalorizan por ser mujeres y nos utilizan para perpetuar su injusto orden. ¡Ya está bien de colaborar en nuestra perdición! Si reconocemos nuestra fuerza, nuestro valor en ser mujeres que miran de igual a igual a otros, seremos poderosas en nuestra integridad de sujetos existentes, seremos autoras de nuestras palabras. La verdadera novedad, la gran revolución actual es que nadie, salvo las mujeres, decidirá cómo tenemos que ser las mujeres[133]. ¡Ya basta! ¡Ya hemos callado demasiado tiempo!

Las mujeres, si por fin nos implicamos en la tarea, podemos mutar el tiempo en una infinidad de instantes de creación milagrosa, en una eternidad biográfica e histórica compartida con otros. El tiempo que tenemos es nuestro, es sagrado, es trascendente y no banal. El sujeto existente integral mujer tiene la certeza de ser ella misma, única e irrepetible en cada momento vivido. Ella es vida, es el tiempo vivido mutado en carne biográfica singular; puede compartirlo, puede dar vida en ella misma y hacer nacer vida en otros con los cuales se relaciona, despertarlos de su adormecido letargo. La calidez de una sonrisa, el toque suave de una piel amiga, una palabra de aliento, un guiño de complicidad, un beso...: Las mujeres regalamos alentadoras caricias sin apenas proponérnoslo y no les damos la importancia que tienen; somos solidarias con el crecimiento de otros, somos mágicas.

El sujeto existente mujer está en casa en su sexuada piel, consigo misma; no necesita imperiosamente a otros que la vuelvan cuerpo, ella lo es. Eso la posiciona con vulnerable fuerza en la realidad, en su realidad existente de minuto a minuto vivido. Recuperar nuestro tiempo se vincula con recuperar el sentido de nosotras mismas como autoras de nuestra narración biográfica. Las mujeres somos personas completas, conciencias hechas cuerpos singulares. No existimos para completar a nadie; somos vida, somos cuerpopalabra en continuada transformación en relación con otros. Merece la pena sentirnos orgullosas de ser mujeres. Es bueno que sea-

---

[133] Rivière, Margarita: *El mundo según las mujeres*, Madrid, Aguilar, 2000, p. 18.

mos conscientes de nuestro potencial poder. Es hora de renacer desde nuestro renovado saber, en medio de nuevas significaciones en un tiempo privilegiado, más lúcido y justo. El cuerpo femenino resurge al expresarse como autor de su palabra y se reafirma en su verdad, bondad y belleza particulares.

Cabe sostener que la atención y la fidelidad hacia una misma dan fuerza al sujeto mujer. Esa energía ayuda a desarrollar nuestras potencialidades en el ser y a trascender el miedo que podamos sentir a llegar a *ser*, o a no lograrlo y quedarnos detenidas en el camino. El poder femenino asusta incluso a las mujeres, sin embargo, es un inagotable manantial de creación, de amor en el ser. El amor es un sentimiento instalado en nosotras y es bueno que lo descubramos, lo aceptemos, lo valoremos y aprendamos a beber de sus revivificantes aguas como un instrumento transformador del sí-mismo, de otros y del mundo que nos rodea. Es muy conveniente aprender a amar la vida que somos, a amarnos a nosotras mismas y, así, por extensión, podremos amar mejor a otros y el mundo en el que vivimos, susceptible de ser transformado en cualquier instante. El amor nos devuelve a nuestro ser.

Quizás, decidir vivir con y en amor sea la decisión más importante de nuestra vida; vivir amando la vida, la vida que somos y no dejar de hacerlo ya nunca más en un inamovible compromiso con nosotras mismas. El amor desde la lucidez existente es una inmensa fuente de transformación. Si creemos que nuestra vida es nuestro asunto más importante, si canalizamos nuestra gran capacidad de amar en amar la vida, es razonable pensar que viviremos mejor y construiremos mejor[134].

La fuerza del amor en el sí-mismo carnal posibilita la creación de un sujeto existente integral mujer con sus cualidades «femeninas» y «masculinas» entrelazadas; es la unión libre de los principios

---

[134] «El compromiso vital de cada mujer consigo misma rompe el núcleo duro del patriarcado, significa una ruptura profunda con el patriarcado. Y esto porque, parcialmente, el compromiso de las mujeres ha sido siempre con los demás, considerados por ellas siempre más importantes que ellas mismas». Lagarde y de los Ríos, Marcela: *Para mis socias de la vida*, Madrid, Horas y horas, 2005, p. 433.

masculino y femenino en una conciencia hecha carne sexuada y sexual mujer[135]. No obstante, ninguna cualidad del individuo es inteligible fuera de su conjunto. Todas forman un conglomerado entretejido de rasgos y caracteres inseparables, que se influyen, se compensan, se complementan; rasgos y caracteres que se manifiestan y se ocultan en relación con nuestras circunstancias, experiencias y las personas con las que nos comuniquemos. Además, lo supuestamente masculino y femenino son cualidades que pertenecen tanto a las mujeres como a los hombres. Un sujeto existente integral mujer las expresa sin censura ni disimulo excesivo; fluyen en ella con razonable libertad.

Es bueno que las mujeres seamos conscientes de nuestra libertad de decidir, aunque sea limitada, de la libertad que nace en la capacidad de modificación de sí mismas. Podemos recurrir a nuestras riquezas en el ser que, sin duda, nos fortalecen, y descubrir nuestras flaquezas y debilidades. Es bueno que aprendamos a gestionar de la mejor manera la integridad existente que somos. Para ello, bucearemos en nuestro bagaje biográfico, intentaremos conocernos mejor a nosotras mismas.

El proceso del desarrollo de un sujeto existente integral es esencialmente un proceso interior. En él, la mujer permite la manifestación de sus potencialidades emocionales, intelectuales y creativas; también de las ocultas, que se actualizan en su expresión, emergiendo desde su callado adormecimiento y evidenciándose en el cuerpo-palabra que es. Las expresiones del sujeto existente integral mujer esperan nacer. En la infinita hondura carnal que somos, claman por su realización; son energías activas que abren caminos por los cuales transitaremos o no dependiendo de nuestras decisiones, de nuestras elecciones en la existencia.

En cada una de nosotras se hilvanan numerosas posibilidades de acción, que forman parte de lo que podríamos llegar a ser, de lo que somos en la misteriosa profundidad de la conciencia encarna-

---

[135] «Lo masculino es una fuerza arquetípica, no un género. Al igual que lo femenino, es una fuerza creadora que mora en cada hombre y mujer». Murdock, Maureen: *Ser Mujer: un viaje heroico*, Madrid, Gaia, 1991, p. 196.

da. De nosotras depende el camino que andemos, y cualquier largo viaje comienza con un solo paso. Nosotras somos las que decidimos y creamos en una continuidad de pasos[136]. ¡Confía en ti y ten coraje para ser autora en tu vida! ¡Vuela con las alas desplegadas, razonablemente libre en tu lucidez existente, gestionando bien lo que eres!

Es conveniente tener en cuenta que el peso histórico de nuestra mala educación nos ahoga en el existir. A las mujeres nos educan bien para servir y ayudar a otros en su andadura vital, pero no para ser libres, asertivas y activas[137]. No obstante, podemos trascender la mala educación y llegar a ser autoras de nuestra narración existente. No debemos ser pasivas en nuestra historia ni resignarnos con la realidad que nos haya tocado en suerte. Podemos cambiar las cosas, comenzando por un claro cambio de actitud. Las cosas que nos suceden no son irremediables[138]. Las mujeres tenemos que

---

[136] «Entendido así, el entorno de nuestra existencia está ocupado en su parte principal extensiva por posibilidades; lo que somos como realidad de conciencia totalmente desarrollada no es más que el núcleo de ese círculo, y una vida limitada a ese núcleo, a esa realidad, estaría alterada y empobrecida de una manera inimaginable porque esas potencialidades también son nosotros, no son algo simplemente adherido o dormido, sino algo continuamente activo, aunque no siempre en la dirección insinuada por nuestra reflexión de posibilidad de una determinada realidad, quizá ni siquiera de una realidad cualquiera». Simmel, Georg: *Cultura femenina y otros ensayos*, Barcelona, Alba, 1999, p. 185.

[137] «La "femineidad" se identificaba con la pasividad, no con la afirmación; con la complacencia, no con la independencia; con la dependencia, no la autonomía; con el autosacrificio, no la autosatisfacción. Desafiar esta visión tradicional de la mujer y mantener una visión que honre los esfuerzos de las mujeres y sus potenciales es en sí mismo un acto de autoestima». Branden, Nathaniel: *La autoestima de la mujer*, Barcelona, Paidós Autoayuda, 1999, p. 23.

[138] «Como sujetas tenemos la viabilidad de intervenir con voluntad en los procesos que atañen a nuestra propia vida; reconocer que las cosas no son irremediables, que los fenómenos de la vida no le "caen" a una, sino que a veces intervenimos en nuestra propia vida con una gran pasividad, y ésta es una de las más sofisticadas construcciones del patriarcado en la subjetividad de las mujeres, uno de los logros de la opresión, la que se nos enseña envuelta en magia, en religión». Lagarde y de los Ríos, Marcela: *Para mis socias de la vida*, Madrid, Horas y horas, 2005, pp. 90-91.

responsabilizarnos de nuestro propio desarrollo, de realizar nuestro anhelo de llegar a *ser* y para ello no basta solo con afirmar lo que queremos y necesitamos, sino que también hay que responder desde nosotras mismas y decidir con propiedad. ¿Qué duda cabe de que es difícil? Las mujeres vivimos con otros en unas sociedades dadas; somos sujetos existentes en relación con otros. No tomamos las decisiones con total independencia de otros. Nuestras decisiones son productos de complejas encrucijadas vitales con los otros importantes de nuestra existencia. Sin embargo, ignorar nuestras potencialidades y no comprometernos en su expresión es rechazar a la heroína que llevamos dentro; es trágico.

El sujeto existente integral mujer vive conforme a la verdad, no se miente. Admite quién es y reconoce su dependencia de otros[139]. No puede ignorar que sus seres queridos son importantes para ella y está comprometida en su desarrollo y bienestar. Aprende que el olvido, el desánimo, el cansancio, los malos hábitos y las relaciones perjudiciales disminuyen sus fuerzas en el caminar. Ella no puede solucionar todo, pero puede acostumbrarse a una buena y cabal gestión de lo que ella es. La mujer integral entiende que no realizará un gran progreso en su propio desarrollo si no recobra su libertad de ser ella misma, de ser ella misma incluso en su dependencia de sus otros importantes. Si puede trascender esa dependencia, será más libre para lograrlo. Quizás entonces consiga ser un sujeto histórico desde esa libertad y coraje existenciales, pues todo lo que logre en su hondura carnal repercutirá en su mundo, en su realidad exterior, transformándolos en concordancia narrativa.

Así, poco a poco, los profundos cambios en nosotras mismas desembocarán en un cambio en las relaciones sociales colectivas, en una transformación del mundo con nuevos valores, valores que estructuren las relaciones de los seres humanos, mujeres y hom-

---

[139] «A lo largo de nuestras vidas dependemos siempre de otras personas para lograr desarrollo emocional y bienestar. La sociedad es un complicado tejido de relaciones económicas y emocionales». Eichenbaum, E. L. y Orbach, S.: *¿Qué quieren las mujeres?*, Madrid, Talasa, 1995, p. 23.

bres, porque nuestro comportamiento hace aparecer verdades, lo queramos o no. No es que las mujeres debamos transformar necesariamente a los hombres y el mundo, logrando la paz mundial y la deseada felicidad de la Humanidad, pero podemos contribuir a que suceda algo hermoso en ese maltratado mundo nuestro y a que las personas vivamos con mayor dignidad y justicia, sin explotar ni ser explotadas[140]. ¡Que la emancipación de las mujeres no se vuelva insolidaria, que sea una libertad con los demás y a favor también de ellos, en pro de un mundo fundamentado en la bondad, verdad y belleza!

¿Qué pasaría si las mujeres dirigiésemos el amor que volcamos en cuidar y atender a otros también en la tarea de transformar la realidad? Sin duda, el amor y la ternura son fuerzas capaces de mover montañas; nos conmueven, impactan en nuestros corazones, no nos dejan indiferentes, nutren y moldean los cuerpos-palabra que somos. Si nos comprometemos con el amor que fluye por nuestra viva carnalidad, con la ternura, con el tender la mano en un gesto de solidaridad, con lanzar al mundo sonrisas y destellos de bienestar interior, podremos contagiar a otros, y estas nuevas verdades viajarán como mensajeros de una realidad mejor para vivir en ella. Es una buena forma de enriquecer la propia vida y la de los demás. Es una manera más creadora de educar a nosotras mismas y a otros, de cuidar de nuestro hogar, que somos nosotras, y de nuestra casa, que se extiende más allá del horizonte. Se trata de caminar con amor, con amor a la vida que hay en nosotras, a la vida que podemos dar, a la vida de otros. Quizás el amor y la ternura sean las fuerzas más revolucionarias que existan para la transformación de conciencias y realidades.

---

[140] «Un principio en la relación con los otros es la *equivalencia humana*. Este es el principio ético que fundamenta la universalidad de los derechos humanos y según el cual cada ser vale lo mismo. La equivalencia humana es un principio ético universal que antecede a todo juicio y que necesitamos anteponer a todo tipo de prejuicios. Se trata de reconocer que todas las personas valemos, no a veces, no en ciertas ocasiones, sino siempre». Lagarde y de los Ríos, Marcela: *Para mis socias de la vida*, Madrid, Horas y horas, 2005, p. 152.

La mujer existente integral deja fluir ese amor que siente como una inagotable y revivificante fuente de energía interior. Crea sonrisas interiores en la armonía de su paz; crea un mundo personal que le proporciona fuerza y gozo existencial; crea un entorno relacional basado en interacciones dignas y justas con los demás. No tolera el maltrato, ni explícito ni implícito. No calla frente al descrédito ni frente al menosprecio gratuito. Sabe que tiene derecho a tener derechos y tiene derecho a que estos sean respetados por los otros, sean del sexo que sean esos otros. Ella sabe que tiene derechos por ser una persona, por ser una ciudadana del mundo, se los reconozcan o no los demás, las leyes, los hombres, las instituciones... La mujer integral entiende que nadie le puede dar sus derechos si primero no se los da ella misma en la hondura existencial del cuerpo-palabra que es. Ahora bien, asimismo comprende que pueden surgir conflictos al ponerlos en práctica, al tornarlos explícitos al expresarlos, ya que vivimos en sociedades patriarcales. La mujer integral gestiona con prudencia la totalidad de su ser en la realidad en la que se desenvuelve día a día. Resiste, persiste y persevera con toda la tozudez que haga falta no solo para sobrevivir sino también para llegar a *ser*[141]. Sabe que su vida es su asunto importante, que nadie va a vivir por ella, que es ella la que tiene que crear su propia y particular narración vital. Apuesta por la autorresponsabilidad en el vivir, porque la irresponsabilidad va pareja con la dependencia; no se conforma con ser víctima de sus circunstancias, lucha incluso con ella misma por *ser*.

La mujer existente integral no se conduce como si fuera una menor de edad, ni pretende pasar por desvalida, eternamente necesitada de que la protejan y decidan por ella. El éxito en el camino de *ser* sujeto existente integral mujer pasa por adquirir una cier-

---

[141] «El hecho de apartar su vida y su mente de la aplanada forma de pensar colectiva y de desarrollar sus singulares talentos figura entre los logros más importantes que una mujer puede alcanzar, pues semejantes actos impiden que tanto el alma como la psique se deslicen hacia la esclavitud. Una cultura que promueve auténticamente el desarrollo individual jamás convertirá en esclavo a ningún grupo o sexo». Estés, Clarissa Pinkola: *Mujeres que corren con los lobos*, Madrid, Ediciones B, 2002, p. 368.

ta autonomía en el vivir[142]. No es una tarea fácil, pues la dificulta la construcción de los géneros femenino y masculino en nuestras sociedades patriarcales y de la relación entre ambos, relación que parte de una desigualdad valorativa de los sexos. Cuesta ir contra las normas establecidas y siendo mujeres más, puesto que nos educan para respetar las reglas y las normas sociales desde nuestra tierna niñez, nos educan para ser «buenas chicas». Y todo el mundo sabe que las «buenas chicas» no se rebelan, cumplen las normas y, por lo general, respetan los mandatos de los demás ajustándose a las expectativas de otros. A las mujeres nos educan para ser para otros y no para nosotras mismas. Sin embargo, el construirnos como razonablemente independientes o autónomas en el vivir no significa dejar de lado nuestro compromiso ético de la solidaridad con el desarrollo de otros. Aunque sea complicado en el día a día se pueden compaginar ambos objetivos. Lo fundamental es comenzar por pensar y crear estructuras mediadoras de la existencia libre de las mujeres, tanto en el ámbito privado como en el público. La mujer existente integral está comprometida consigo misma para *ser*, ella sí imagina el ser para sí sin abandonar a otros. Desea aprender a cuidarse bien, desea aprender a ser la mejor amiga de sí misma. Entonces, también podrá cuidar a otros sin que eso implique el olvido de sí. Pero para aprender a cuidarse bien siendo mujer que vive en una sociedad patriarcal tiene que desaprender la visión del mundo relacional internalizada en nuestro proceso de socialización, tiene que desaprender la manera de comportarnos las mujeres en relación con otros y las formas de ganarnos su afecto y/o amor.

Es menester desaprender la misoginia que hemos interiorizado de modo inconsciente e imperceptible en nuestro proceso de so-

---

[142] «El gran aporte de la modernidad fue el enunciado de que la autonomía es un derecho de las personas. Solamente que hasta antes del feminismo, la autonomía era un derecho de los varones, no de las mujeres. Y como los varones eran la representación universal de la humanidad, cuando decían "un derecho de todos", hablaban de un derecho de género masculino como si abarcaran a toda la humanidad». Lagarde y de los Ríos, Marcela: *Para mis socias de la vida*, Madrid, Horas y horas, 2005, p. 60.

cialización; es menester dejar de ser misóginas con nosotras mismas y con otras mujeres[143]. La mujer existente integral no se desvaloriza, confía en sí misma, en sus capacidades para superar los obstáculos que se le presenten, aunque esa superación implique esfuerzo, paciencia, perseverancia y un trabajo continuado en el tiempo. Desea que se la respete y se la trate bien en la sociedad en que vive, y sabe que tiene que empezar por hacerlo ella consigo misma y con otras mujeres.

La mujer existente integral desea que se la respete y se la acepte sin que para ello tenga que encajar necesariamente en un estereotipo femenino vigente en su sociedad, sin que tenga que conformarse con las irrespetuosas proyecciones de otros sobre el cuerpo-palabra que es, sobre sus formas, su belleza, su rostro, su edad... No quiere competir con las demás mujeres en belleza o atractivo sexual, quiere ser ella misma y poder vivir en paz, y ser visible y valorada tal como es, con sus reales imperfecciones, cicatrices, arrugas, carnes... La mujer existente integral sabe que el cuerpo que es no pertenece a otros —es ella, razonablemente libre en su vuelo por la vida—. Ella decide, ella dispone de sí misma, ella es la protagonista de su historia narrada. La autonomía en el vivir pasa por una consciente apropiación del cuerpo que se es, es algo imprescindible. ¡Que el cuerpo-palabra que somos no sea maltratado por normas e ideales en boga en la sociedad![144]

---

[143] «Transformarnos, ser autónomas, pasa por desmontar la misoginia que llevamos dentro. Desmontarla en nuestros cuerpos, en las propuestas que hacemos, en el lenguaje que usamos». Lagarde y de los Ríos, Marcela: *Para mis socias de la vida*, Madrid, Horas y horas, 2005, p. 139.

[144] «Por esa razón la lucha por la igualdad continúa siendo una cuestión esencial. Aunque lo cierto es que la rebelión de las mujeres no consiste únicamente en reclamar más paridad en el reparto de los papeles en la obra sino en reescribir el guión con criterios diferentes. En otras palabras, para poder inscribirnos en el club no queremos vernos obligadas a hacer nuestras las formas masculinas sino que queremos que nos admitan con nuestra propia manera de actuar, que no es la de los hombres, pero tampoco coincide con la que nos marca la rigidez del patriarcado». Lienas, Gemma: *Rebeldes, ni putas ni sumisas*, Barcelona, Península, 2005, p. 10.

La mujer existente integral apuesta por prepararse bien para la vida, apuesta por la razón y el aprendizaje o el saber. El saber de las mujeres se asocia con su poder social, aunque no siempre sea así. La belleza femenina sigue siendo un instrumento para ascender socialmente, que incapacita sobre todo a las mujeres que permiten ser reducidas a objetos estéticos. Sin embargo, el saber abre las puertas a una independencia personal, social y económica. Posibilita la adquisición de una profesión y el acceso al ámbito público, a una circulación individual más allá del espacio privado del hogar. La profesión se ha convertido en una base importante de la identidad social de una mujer, un ingrediente para el acceso a la categoría del individuo social independiente. El trabajo remunerado es decisivo para tener una independencia económica y poder pactar en cierta igualdad con otros, para poder marcharse de su lado cuando es eso lo que se quiere hacer.

La independencia de la mujer se vincula también con una transformación de su bagaje cultural, y no nos referimos a la erudición, sino a una cierta autonomía cultural que trascienda la carga simbólica patriarcal, la cual nos subordina a otros. La diferencia sexual humana asume numerosos significados culturales y siempre es significante. Delimita espacios de entendimiento, de encuentro, y encauza la relación interactiva entre los sexos. El concepto de la diferencia sexual decreta que la mujer es lo que el hombre no es. Su imagen es conformada desde la mirada y el discernimiento masculinos en una operación de comparación, en la cual, por medio de la exclusión, negación y ensoñación, se difumina lo común y se subraya lo diferente. Por contra, lo «femenino» son cualidades que se encuentran tanto en hombres como en mujeres. La mujer existente integral trasciende esas barreras entre lo considerado como «femenino» o «masculino» y procura apoyar su existencia en estructuras simbólicas mediadoras con la realidad que le ayuden en su desarrollo como sujeto, que le permitan una creación más digna y satisfactoria de su mundo. No en vano, la transformación de las clasificaciones es fundamental para que las mujeres puedan ser visibles sin tener que servir a otro sexo o subordinarse a su narración existente. La transformación de las clasificaciones conduce a un cambio en la estructura relacional entre los sexos en una sociedad.

La realidad en la que nos implicamos al existir, la que hallamos al llegar a este mundo, es una realidad inventada, una realidad construida, que se sustenta por una compleja y tupida red de significados vigentes. No es una realidad de la que podamos mantenernos alejados, nos incluye y nos compromete, tatúa nuestra sexuada piel en un proceso performativo continuado de imperceptible confirmación de sus «verdades». La fuerza simbólica se ejerce directamente sobre los cuerpos sexuados al margen de cualquier coerción física, moldeando hábitos, constituyendo actitudes, engendrando sueños, configurando creencias... Así, el lenguaje es una composición cultural acuñada por los significados históricos del pasar de los tiempos. La mujer existente integral es consciente de su peso y de su acción sobre ella, y se empeña en una laboriosa tarea de una cierta resignificación de las palabras internalizadas en nuestro proceso de socialización, que la inclinan a servir a otros para ser.

La mujer existente integral comprende que la feminidad es un sistema de significados sutilmente codificados, de conductas aprendidas y de maneras de interaccionar con otros, que tejen una red relacional concordante con las premisas de partida vigentes en la sociedad. Esas conductas prueban su verdad, como no podría ser de otro modo, pues se basan en esas premisas, de ellas parten. Una vez más, es la teoría la que connota lo que ocurre y lo que se puede percibir como acontecido y comprendido. O dicho de otra forma: la realidad inventada es aceptada como verdadera si se cree en su «verdad». Cuando no es así, la realidad que acontece es ineficaz, y es más susceptible de ser transformada[145]. De todos modos, es muy difícil desprenderse de los fantasmas que nos habitan, es incluso más difícil que transformar una conducta o un hábito; supone esfuerzo, decisión consciente, perseverancia, atención, compromiso consigo misma para conseguirlo...

---

[145] Watzlawick, Paul y otros: *La realidad inventada*, Barcelona, Gedisa, 2010, p. 95.

El sujeto existente integral mujer quiere trazar su propio camino para respetarse a sí misma como individuo maduro; no renuncia a su desarrollo como persona, a sí misma al sacrificarse por otros importantes. Ella comprende o intuye que en el saber estar en la realidad existente se juega la posibilidad de su cierta independencia en la vida. Mira con los ojos bien abiertos, tropieza, cae, se levanta, continúa su tarea...[146] Se requiere mucho valor para seguir su propio camino pese a los impedimentos y los golpes de la vida, pese a los que les pese, contra viento y marea...[147] Sin embargo, cabe afirmar que el dolor y el sufrimiento son inevitables en algún momento o etapa de la vida. La existencia te trae alegrías y penas. Quizás, conviene entender que si una persona pretende eludir en toda ocasión el dolor o el conflicto que acompañan el hecho de vivir, se condena a la frustración, a más dolor y conflicto consigo misma. Si aceptamos los contratiempos y las turbulencias emocionales en nuestra tarea de realizarnos como sujetos existentes integrales, lo llevaremos mejor y nos sentiremos más orgullosas al avanzar superando los obstáculos que se nos presenten. Las mujeres tenemos que ser fuertes para oponernos a las «verdades» culturales y sociales que nos convierten en actrices secundarias

---

[146] «En esta situación dada y finalmente aceptada, la búsqueda de una relación auténtica con el mundo significa aceptar la condición de desequilibrio, desequilibrio que obliga continuamente a redefinir la propia relación con la realidad, condición a la que estamos constreñidas por la vida misma». Bocchetti, Alessandra: *Lo que quiere una mujer*, Madrid, Cátedra, 1999, p. 318. Y añade: «Así es como las mujeres se han puesto a caminar. Se han situado en una relación auténtica con el mundo. Continuamente desequilibrarse, continuamente calcular la propia posición, el tamaño del paso, su fuerza, su ritmo, mirar por donde se anda, calcular la distancia de los obstáculos, evitar los impedimentos. Caminar es un trabajo en el que se combinan continuamente pensamiento y acción. Es una práctica de continua combinación entre sí mismo, pensamiento y cuerpo, y la realidad». pp. 318-319.

[147] «Ser hoy una persona femenina es algo bastante más digno que nunca (o menos humillante en cuanto lo fue antes) pero puede que a cambio resulte más incómodo de soportar de lo que pareció siempre: afectivamente al menos, hacerse añicos daña mucho». Gil Calvo, Enrique: *La mujer cuarteada*, Barcelona, Anagrama, 1991, p. 63.

de nuestra propia historia, y para liberarnos de sus cadenas, que nos impiden vivir en plenitud. Tenemos que atrevernos a *ser*, ser nosotras mismas sin pretender ser deseadas siempre, adoptando papeles que conlleven una precaria gestión de las potencialidades que traemos a este mundo, papeles que nos subordinen a otros de forma constante.

La mujer existente integral entiende que no se pueden cambiar las cosas sin un auténtico compromiso consigo misma y sin una dedicación continuada en el tiempo para lograrlo. Comprende que las expresiones de su *ser* esperan nacer en algún momento milagroso de su transitar por la vida. Tiene paciencia en su tarea, tiene confianza en sí misma; está decidida a conseguirlo trascendiendo el miedo a la soledad, trascendiendo la culpa por querer *ser*. Sabe que un largo viaje se inicia con un solo paso[148]. También, que pocas cosas son irremediables y merece la pena implicarse en la realización de una misma, que nadie lo va a hacer por nosotras ni podrá hacer que nos sintamos orgullosas de nosotras mismas mientras trabajamos a consciencia para llegar a *ser* en plenitud existencial. Es hora de decidir y de actuar para *ser*, ser autoras de nuestra individual narración existente, pues nuestra vida es nuestro asunto más importante y es también nuestra creación, aunque los otros puedan ser muy influyentes e, incluso, decisivos en ella[149]. Ser protagonistas de la vida propia implica no estar supeditadas a los mandatos de otros, implica no ser conducidas constantemente por ellos. Convertirse en un sujeto existente mujer integral significa no seguir viviendo la vida propia fundamentalmente como respuesta a las necesidades y las expectativas de quienes nos rodean, tanto en el ámbito privado como en el público[150]. Sin embargo, no debemos

---

[148] Metz, Pamela K. y Tobin, Jacqueline L.: *El tao de las mujeres*, Madrid, Gaia, 1996, p. 143.

[149] «Mujeres autoras a la medida de seres concretos, limitados, circunstanciados, donde cada sujeto asume que su vida es el asunto más importante y que protagoniza su vida, la inventa, pues la vivencia de la vida propia es la creación más importante que alguien pueda hacer». Lagarde y de los Ríos, Marcela: *Para mis socias de la vida*, Madrid, Horas y horas, 2005, p. 102.

[150] Greer, Germaine: *El cambio*, Barcelona, Anagrama, 1993, p. 45.

emanciparnos a costa de los demás, abandonándolos o condenándolos al desamparo en la necesidad, sino con los demás y a favor también de ellos, porque las mujeres no nos sentiríamos bien sabiendo que hemos dejado de lado a otros. Es algo impensable para la gran mayoría de nosotras.

Lo que tenemos que aprender las mujeres es a jugar a «todos ganan» y a «todos están bien», y al decir «todos» también nos referimos a las mujeres, a nosotras en cada una de las interacciones con otros, sean del sexo que sean esos otros. Nos guste o no, las personas dependemos unas de otras para satisfacer nuestras necesidades de ser reconocidas en nuestra singularidad, de ser visibles para alguien, de ser escuchadas, queridas, deseadas, acariciadas... Es importante elegir bien las relaciones que queramos vivir, porque nuestras acciones, experiencias y vivencias nos moldean en su continuado acontecer, pasan a formar parte de lo que somos —un cuerpo-palabra sexuado y sexual en su existencia, en su viva biografía, que se va escribiendo latido a latido sentido—. Nuestras elecciones van trazando nuestro caminar vital, nos van esculpiendo al grabarse en el sí-mismo carnal, se hacen el cuerpo que somos y nos van habituando a experimentar el mundo de una manera, a situarnos en él de un modo y no de otro, también posible. Si lo que queremos es transformar nuestra realidad relacional, tanto las mujeres como los hombres tenemos una enorme tarea por delante, y merece la pena implicarse en ella para conseguir un mundo mejor en que vivir. Toda persona, sea del sexo que sea, tiene derecho a que se la trate bien, a que el amor que siente por otros o que esos otros sienten por ella no la condene a un mal trato, a un trato que la hiera y la humille, que la utilice y explote, que la quite fuerzas en su existir. Conviene tenerlo muy claro.

El mundo que nos rodea nos ofrece diversas posibilidades de acción, de desarrollo de nuestras potencialidades. Nuestras decisiones determinan nuestra realidad existencial. Merece la pena estar atentas al decidir y aprender a decirse «sí» y «no» cuando sea lo aconsejable para poder sentirnos orgullosas de nosotras mismas en nuestra propia piel. A lo mejor cueste y sea difícil, pero es nuestra tarea y no de otros[151]. Es asunto nuestro aprender a gestionar bien lo que somos, aprender a controlarnos cuando haga falta, a ser templadas y cabales en nuestro vivir. A veces, los conflictos y las dificultades nos ayudan a comprendernos y a saber lo que somos capaces de hacer. Quien supera un obstáculo a menudo sale fortalecido; se considera más eficaz, se valora y se estima más.

Cabe afirmar que el sujeto existente integral mujer se autorresponsabiliza de sí mismo, se hace cargo de sí mismo y del desarrollo propio, se cree responsable de sus acciones y decisiones. Recurre a su fuerza interior, a su poder en el ser para cambiar su propia vida, para construir un entorno en el cual pueda vivir a gusto. La mujer integral piensa que la tarea de la transformación de su vida es vivificante, es apasionante, es sagrada... El miedo no la aprisiona, se atreve a ser autora, no está dispuesta a colaborar en su propia opresión[152]. Y cuando toca enfadarse y enfrentarse con alguien, no lo evita, se defiende. Su capacidad de creación crece al manifestarse en todo lo que hace y se fortalece momento a momento. Paulatinamente, la creación se convierte en un hábito en el vivir[153].

El sujeto existente integral mujer sabe que depende sobre todo de ella misma. Decide estar atenta a sí misma y a ser su propia amiga fiel. Quiere tener su voz personal y sus palabras particulares que decir. No piensa renunciar a caminar con cierta autonomía

---

[151] «Tanto si se trata de una persona que necesita compañía o comodidad, como si necesita la atracción de una relación cargada de erotismo, hasta que una mujer sea capaz de decir que no a aquello a lo que sea particularmente susceptible, no podrá determinar el curso de su propia vida». Bolen, Jean Shinoda: *Las diosas de cada mujer*, Barcelona, Kairós, 1998, p. 341.

[152] «Coinciden varias autoras en estimar que debemos respetar la ansiedad, y en que estemos alerta para no sucumbir al miedo. Ése es el peor enemigo de las mujeres y no es casual que nos hayan enseñado a temer: sirve para paralizarnos, mantenernos a raya, minar nuestra energía. El miedo limita nuestra imaginación y nuestra creatividad. Nos hace callar. El silencio impuesto en cualquier área de la vida de las mujeres es una herramienta que se relaciona con la impotencia». Alborch, Carmen: *Malas*, Madrid, Aguilar, 2002, p. 207.

[153] «Ellas han abandonado la infancia, la sobreprotección, la queja, el miedo a la vida y salen al aire libre a respirar para que todos puedan respirar». Rivière, Margarita: *El mundo según las mujeres*, Madrid, Aguilar, 2000, pp. 14-15.

y plenitud. No está dispuesta a venderse para ganar el cariño de nadie; no la satisface esa transacción. No olvida que su deseo más sagrado es llegar a *ser* ella misma, y vivir con respeto y dignidad en su sentida piel; a ser posible, vivir en plenitud existencial siendo soberana de su propia vida. Un nuevo sentido en el *ser* se instala en el cuerpo-palabra que es, para no abandonarla ya nunca más, y es sostenido por la libertad que se origina en la capacidad de modificación de sí del sujeto existente mujer.

El sujeto existente integral mujer se compromete consigo misma antes que con nadie, mira en su interior, cuestiona, duda, reflexiona... No quiere engañarse ni perseguir quimeras enajenantes. Decide ser sincera, no fingir satisfacción cuando no la siente, no actuar para agradar a los otros. Quiere comprender, comprenderse, busca nuevas verdades. El proceso de convertirse en un sujeto existente integral es esencialmente un proceso interior, que agita la infinita hondura carnal del cuerpo-palabra mujer. En la tarea de la transformación de sí misma la mujer encuentra sorpresas y descubre nuevos placeres en el existir a gusto en su sexuada piel, pese a quien pese. Ella es la soberana de su reino; los demás son los invitados o los errantes que van de paso. La mujer integral descubre que el gran placer existencial es comprender y vivir a gusto, con sentido. Ella elige lo que quiere experimentar y crear. Se resiste a caer en los espejismos que nos prometen la felicidad si nos adaptamos a..., si nos conformamos con..., si bajamos la mirada y nos olvidamos de nuestros sueños de volar en plenitud por la vida. Hacen falta valor y coraje para vivir con autenticidad y confianza en una misma. Con frecuencia, hay que resistir para desvelar lo que somos y hacer aparecer nuevas verdades con un comportamiento singular y soberano, que no trivialice «lo femenino»[154]. Y para

---

[154] «Entonces, resistir es una experiencia cuando no se tienen recursos para otra cosa. Cuando no se pueden cambiar las cosas del todo, la resistencia es el inicio de un cambio. Tenemos que hacer la ética de la resistencia en cada mujer. Me resisto a ser golpeada, me resisto a ser lastimada, a asumir una carga más de trabajo, a hacer algo por otra persona, si antes no hice algo por mí. Ese conjunto de experiencias de resistencia es una base política muy sólida para

conseguir resistir, recurramos a nuestro refugio en nosotras mismas y al bienestar que podamos sentir en nuestro propio mundo; las mujeres lo hemos hecho a lo largo de los siglos. Preservemos ese paradisíaco lugar en el cual disfrutamos profundamente y curamos las heridas cotidianas. Es un paraje de magia reparadora, un centro de fuerza de transformación de lo feo en hermoso, de lo ordinario en extraordinario. Aprendamos a beber a diario de ese curativo elixir.

Todo lo que logremos en nuestro interior incidirá en la realidad exterior, contribuirá a transformarla poco a poco, gota a gota. Nuestro entorno inmediato incorporará ese «algo más» interior, y su efecto se convertirá en una fuerza activa capaz de expandirse e influir en otros entornos. Pero no es una fuerza de conquista o subyugación, sino la fuerza de una verdad experimentada en la existencia real una y otra vez, que moldea los cuerpos-palabra que somos. Esas verdades explícitas e implícitas se graban en los cuerpos y son reforzadas por el placer que sentimos al vivir más a gusto. Así que, todo cambio que logremos en nosotras mismas es una generosa ofrenda a nuestro entorno, a la sociedad, al mundo entero. La transformación es un proceso que no tiene fin mientras haya vida en nosotras. Cada «algo más» se sigue por otros, lo que significa que lo importante no es la meta de llegada sino el proceso, la actividad como tal. Es la experiencia vivida la que se va grabando en el cuerpo-palabra sexuado y sexual que somos, nos va moldeando. Por eso el «éxito» de la tarea de llegar a *ser* es seguir haciendo la tarea, no despistarnos con la felicidad ilusoria de la meta. El goce más sagrado es el de disfrutar con lo que estás haciendo en el momento presente, ahora, hoy..., y no supeditarlo a un hipotético futuro. Estás creando, estás dejando huella con tus acciones u omisiones; ¡eres importante!... Merece la pena darle valor, merece la pena concentrarse en lo que una hace aquí y ahora, y no dejar

---

cualquier transformación y puede provocar cambios cualitativos en la vida de las mujeres». Lagarde y de los Ríos, Marcela: *Para mis socias de la vida*, Madrid, Horas y horas, 2005, p. 304.

de asombrarse para aprehender el mundo en su inmensa riqueza, para poder orientarse mejor en un entorno renovado.

La mujer integral sabe que hallar un lugar para sí misma se entrelaza con disponer de tiempo, tiempo para *ser* no solo para otros sino para sí misma. Recuperar el sentido de una misma se relaciona con recuperar el tiempo para una misma. Al sujeto existente integral mujer no le es suficiente vivir a través de la vida de otros. Ella es serena, segura en su derecho a *ser*, confiada en sus propias fuerzas, comprometida en la tarea de su realización. Está dispuesta a desaprender las cosas que le enseñaron para expresar lo que es, para expresar su amor hacia otros. Quiere encontrar formas más satisfactorias de relacionarse con otros, un nuevo camino de amor y de colaboración en equidad existencial, quiere compartir sus sueños. El viaje hacia la totalidad supone querer *ser*, amar, cuidar, crear, trabajar, opinar... El sujeto existente integral mujer es activo y receptivo, es autónomo e íntimo, ama la vida, es sereno en sí mismo al tiempo que no renuncia a desempeñar un papel en la sociedad, en la cultura, economía y política. El amor romántico sigue siendo muy importante para ella, pero no lo es todo; su proyecto vital es mucho más amplio y rico[155]. Quiere alcanzar la libertad en el ser y para eso sigue haciendo la tarea de su propia transformación, sigue cuestionando, dudando, reflexionando... La libertad interior se entrelaza con el hábito de razonar en nuestra existencia de día a día. Al razonar creamos, formulamos verdades que ordenarán nuestros pensamientos, nuestras sensaciones, sentimientos, deseos y acciones. Esas verdades marcarán el nacimiento de posibles encuentros y desencuentros con otros en la continui-

---

[155] «La sociedad y la cultura hacen de las mujeres seres que aman a otros. Lo perverso es que en esa imposición está la negativa del amor propio. A las mujeres les ha sido prohibido el amor propio. Es la mayor perversión de la cultura patriarcal». Lagarde y de los Ríos, Marcela: *Para mis socias de la vida*, Madrid, Horas y horas, 2005, p. 372. Por su parte, Mary Elizabeth Marlow afirma: «Pero la única forma de tener todo el amor que necesitamos es amarnos a nosotras mismas: el hecho de decidirnos a hacerlo es tal vez la decisión más importante de nuestra vida». Marlow, Mary Elizabeth: *El despertar de la mujer consciente*, Madrid, Gaia, 1998, p. 140.

dad temporal de la conciencia hecha carne sexuada y sexual que somos. El tiempo vivido se vuelve un verbo carnal existente, una biografía que se va escribiendo latido a latido.

El sujeto integral mujer trasciende su tiempo, desborda sus fronteras corporales al llevar en sí la potencialidad de dar vida a otro ser humano. Es una generosa ofrenda al mundo, que incluye también a la mujer, ofrenda que se completa y se fortalece por la gran aptitud de la mujer para entender las necesidades y los deseos de los que la rodean, para ayudarles y cuidarlos. El amor que siente por esos otros se hilvana profundamente en la mujer existente confundiéndose con la esencia de su ser. Los seres humanos llevamos dentro mucho amor, amor que conecta y acerca, amor que se nos entregó incluso antes de nacer. Pero a menudo se nos olvida lo que somos, nos confundimos en nuestro día a día un tanto agotador, nos desconectamos y nos alejamos. Albert Camus decía que solo el amor nos devuelve a nuestro ser[156]. Quizás sea precisamente eso lo que nos falta, volver a mirar a nosotras mismas y al mundo con los ojos impregnados de amor, amor a la vida, al Universo entero..., y nunca olvidar que el primer compromiso que tiene cada una de las mujeres es consigo misma, con su propia transformación para vivir mejor en su piel, para llegar a *ser*, para realizarse como un individuo concreto mujer. Sí, mujer, porque los individuos somos personas reales, sexuadas y sexuales; es hora de que valoremos nuestra condición sexual en toda su magnitud.

El sujeto existente integral mujer es protagonista de su vida, es una narración biográfica abierta desde el cuerpo-palabra sexuado y sexual que es, con una identidad sexual, con una sexualidad repleta de vivencias, con su erótica personal y su amatoria. Es muy conveniente valorar nuestra condición real y enorgullecernos de *ser* sexuadas y sexuales[157]. Una mujer que revise sus ideas sobre sí

---

[156] Camus, Albert: *El revés y el derecho. Discurso de Suecia*, Madrid, Alianza Editorial, 2010, p. 46.

[157] «Las mujeres necesitan hoy exhibir toda su identidad y enorgullecerse de ella, "pensar en sí mismas", demostrar que son personas completas con una identidad sexual propia, dejar de vivir a la sombra de un hombre al que quieren

misma, que cuestione verdades aprendidas en su sociedad, revisará también sus ideas sobre lo que significa ser una mujer, sobre su sexualidad y su manera de encontrarse y de relacionarse con otros sexuados y sexuales. Y como sostiene Shere Hite, las mujeres no quieren ser «libres» para adoptar el modelo masculino de sexualidad; quieren ser libres para descubrir la suya propia[158].

Es indiscutible que las mujeres muestran un creciente interés por el sexo. Quieren disfrutar viviendo, quieren ser felices al lado de otros. Para eso se informan, leen, hablan, consultan... Sin embargo, para hallar un equilibrio personal interior es conveniente cuestionar las verdades en boga, dudar, reflexionar, mirarse dentro, ir cambiando aquello que se debe cambiar para sentirse en plenitud en la propia sexuada piel. Está claro que la mujer actual se posiciona de una manera nueva respecto de su libertad sexual; no obstante, falta todavía mucha tarea para que las mujeres nos enorgullezcamos de ser profundamente sexuales, que lo valoremos como un inmenso tesoro existencial, y no lo reduzcamos a parecer «sexys» y provocativas. Quizás, lo más provocativo sea ser una mujer sujeto integral en todo instante vivido, hondamente mujer, única e irrepetible en su sexuada y sexual concreción real, soberana de su narración en relación con otros.

Las mujeres actuales hemos comprendido que dependemos sobre todo de nosotras mismas para cambiar —es una gran revolución interior de ideas y actitudes—. Sin embargo, todavía queda mucho trabajo interior por realizar para que se instalen en nosotras nuevas verdades referentes a nuestra sexualidad, nuestra erótica y amatoria[159]. Verdades que nos aportarán claves para comprender-

---

mucho. De esa forma darán más margen a otras mujeres (incluso mujeres a las que no conocen y que nunca las conocerán) y permitirán también sentir a los hombres que el mundo es un lugar mucho más amplio y que pueden disfrutar de él». Hite, Shere: *El orgasmo femenino*, Barcelona, Ediciones B, 2002, p. 86.

[158] Hite, Shere: *El informe Hite. Estudio de la sexualidad femenina*, Madrid, Suma de Letras, 2002, p. 94.

[159] «Cuando hace ya tanto tiempo que las mujeres retroceden asustadas ante la idea de adoptar una posición propia y clara, tendrán que pasar años antes de que sea posible que una mujer asuma sus ideas y trate de imponerlas sin verse

nos mejor y dejar de conformarnos con nuestra reducción sexual por ser mujeres, dejar de colaborar en nuestra propia mutilación. La autonomía del individuo sexual mujer no se satisface solo con las palabras o leyes, se vuelve carne vivencial real, un proceso sexual de vivir, de *ser* en la propia piel sin relegarse a un papel secundario en la propia historia existencial carnal. Y, como ya dijimos antes, todo cambio en nuestro interior se traduce en nuevas actitudes, creencias, ideales y acciones, que, a su vez, repercuten en la realidad que nos rodea, inscribiéndose en la cultura, en la sociedad, en la política..., transformándolas al aportar nuevas verdades, nuevos significados[160].

La mujer integral, sexuada y sexual, lo es sea joven, madura o vieja; sea delgada, rellenita o gorda; sea baja o alta; sea guapa o fea... Eso no importa para que disfrute en su piel, en su existencia día a día. Lo que sí importa es que no esté dispuesta a sonreír pase lo que pase, a tragarse sus sentimientos, a enmudecer, anestesiarse y complacer... Las mujeres actuales están revolucionando los conceptos respecto al sexo y trazan nuevos caminos en la intimidad relacional con otros, caminos más acordes con la modernidad, que ambiciona ser más justa y humanamente digna, interacciones entre sujetos sexuales equivalentes, de igual a igual, protagonistas de sus respectivas historias vividas y decididos a dar y a recibir un buen trato recíproco.

La sexualidad es un agente clave en la equidad de los sexos. Lo que creemos al respecto determina nuestra manera de comportarnos en el encuentro íntimo con los otros, crea verdades. El sujeto existente integral mujer no olvida que es ella la que sabe lo que quiere y desea, lo que le gusta y lo que no, sus «síes» y sus «noes».

---

afectada por remordimientos de conciencia y sentimientos de culpa. Contra esto no sirven de nada las quejas ni las lamentaciones, lo único que ayuda es la acción». Ehrhardt, Ute: *...Y son cada vez peores*, Barcelona, Debolsillo, 2003, p. 71.

[160] «Da la sensación de que la sencilla verdad es que las mujeres nunca conocerán la plenitud sexual y la experiencia cumbre del amor humano hasta que se les haya permitido y fomentado que crezcan en la medida de todas sus fuerzas como seres humanos». Friedan, Betty: *La mística de la feminidad*, Madrid, Cátedra, 2009, p. 381.

Ella es la creadora de su íntimo susurrar al otro. Es consciente de que su pretensión de comprender y transformar incluye también esta cualidad de su *ser*. Desea vivir bien, a gusto tanto en su vida privada como en la pública.

En los siguientes libros en torno al sujeto existente mujer, procuraremos ayudar a cuestionar las verdades establecidas; reflexionaremos, informaremos y esbozaremos nuevas verdades, significados y valores sobre lo que es una mujer, sobre nuestra sexualidad, nuestra erótica y amatoria. Confiamos en que sea un viaje intelectual interesante y próspero.

Susurros al viento

El sujeto mujer

1. EL SUJETO MUJER VACIADO DE SU SIGNIFICACIÓN

Sujeto. Individuo. Hombre. Mujer. Existente corpóreo, sexuado y sexual. Una conciencia hecha carne real en su proceso de llegar a *ser*.

Sujeto mujer. Palabra viva. Cuerpo existente. Verbo femenino vivo. Sujeto social. Sujeto histórico. Sujeto biográfico. Sujeto real existente. Narración existente que se va escribiendo palabra a palabra. Libertad en vuelo a través de los tiempos históricos, aquí y ahora.

Los significados. ¿Mis significados? ¿Tus significados? ¿Significados de otros? ¿Los significados de las mujeres? ¿Existen? ¿Los conocemos? ¿Los manejamos? Los significados mecen los tiempos vividos.

La sociología del conocimiento es inseparable de una sociología del reconocimiento y del desconocimiento. (Pierre Bourdieu: *Cosas dichas*). Percibir. Reconocer. Desconocer. Clasificar. Calificar. Valorar. Dotar de sentido. Demarcar la experiencia de vida del sujeto mujer. ¡Vivir!

Palabras dichas. Palabras indecibles por no tener significado, inexistentes. Construir significados desde el sujeto existente mujer. ¡Qué tarea! Convertirse en sujeto de discurso propio y personal. ¡Tarea sagrada! Corazón que late anhelante de *ser*. Un pálpito de libertad. ¡Yo decido!

Las formas de clasificación mutadas en formas de dominación simbólica. Miradas a través de los velos de significación. Impotencia. Frustración. Olvido. Brazos caídos. Corazones en lucha. Determinación. Rebelión. Tenacidad.

Lo social moldea los cuerpos existentes, se hace carne real. ¿Estamos condenados a confirmar y a reforzar los significados que nos dañan? Está por decir... La creación se va haciendo día a día. La historia de cada mujer se escribe palabra tras palabra. Está por componer, está por crear... ¡Yo elijo! ¡Yo decido!

«Darse cuenta de»... Despertar. ¡Despertar ya! La consciencia en el vivir es el modo del sujeto mujer. Mujer consciente de ser sujeto, dueña de su discurso narrativo de vida, dueña de sus decisiones y actos.

Sujeto mujer. Sujeto hombre. Igual valor. El mismo derecho a llegar a *ser* en nuestra convivencia día a día. Orden justo y solidario de existencia en relación.

Derecho de la mujer a percibirse y a vivirse como sujeto. Derecho de la mujer a tener deseos e intenciones propios. Derecho de la mujer a tener tiempo y espacio propios, no ocupados por otros, y no pretendidos por otros. ¿La vida real?

El lugar de los otros en la vida del sujeto mujer. ¿Los otros ocupan la centralidad del discurso vital de la mujer? El sujeto mujer priorizando. ¿Qué orden utiliza? ¿Qué orden es el tuyo? Las necesidades y los deseos de los demás. Mis necesidades y deseos. El olvido. Recobrar la memoria. El coraje para *ser*. Frágiles mosaicos de momentos vividos. Ritmo trepidante que desafía las fuerzas y la lucidez de pensamiento. Mujeres desdibujadas como sujetos existentes. ¿A salvo?

El orden existencial tiende a vaciar a la mujer en su significación como sujeto de igual derecho a *ser* que otros. Las mujeres somos sujetos de igual derecho a *ser* que otros. Somos reales, cuerpos-palabra existentes, sexuados y sexuales concretos, con nuestro particular canto de vida, una personal historia que se narra vocablo a vocablo dicho o soñado. Las mujeres tenemos que recordar que somos sujetos y actuar como sujetos que somos.

La mujer tiene derecho a *ser* como cualquier otro sujeto. Sin embargo, las mujeres somos sujetos hablantes de un discurso que nos ha convertido en objetos de otros sujetos. Tarea de trascender la miseria simbólica que nos conduce a no decir o a decir por boca de otros, tarea de no conformarnos con ser el lugar de una ausencia.

La conformidad con lo dado, con lo genérico, es un instrumento muy poderoso para perpetuar la realidad social imperante. Nos educan y nos socializan en aceptar lo establecido, lo dado y lo narrado. Las mujeres nos acostumbramos a tender a parecernos a las musas de los hombres, a imitar a aquellas deseadas y valoradas en nuestras sociedades, a transmutarnos en símbolos del poder masculino.

El cuerpo-palabra femenino, desprendido de su infinita hondura carnal, es transformado en apariencia, en objeto de transacción de uso y disfrute. En consecuencia, la relación de dependencia del cuerpo-palabra femenino respecto de los demás tiende a convertirse en constitutiva de su ser. La mujer como ser para otros.

Crear una realidad existencial diferente es laborioso, requiere persistencia y perseverancia en el propósito creativo, un compromiso con lo soñado e imaginado como posible, y una tozuda rebelión frente a lo dado. ¡Valor y suerte!

Cada mujer es única e irrepetible. Sólo ella puede ser ella misma. Sólo tú puedes ser tú misma. Nadie puede serlo por ti. Eres tú la que compones una melodía vital irreproducible. ¡Mira, siente, piensa, sueña, crea! El sujeto mujer —mujer creadora potencial de lo que la rodea, del mundo en que se posiciona como sujeto—. ¡Tú eliges! ¡Nosotras elegimos!

La irreductible libertad y deseo de *ser*. Mujer, sujeto de su propia vida, de su biografía con la centralidad desde ella misma, con su propia disposición de sí. Sujeto mujer: dueña de su palabra y de su cuerpo. Mujer que mira de igual a igual a otros, sujeto en cada pálpito de deseo. ¡De eso tenemos que partir! ¡No lo olvidemos nunca: las mujeres somos dueñas de nuestra palabra y de nuestro cuerpo! Así de claro y rotundo.

2. EL SUJETO-OBJETO MUJER

Sujeto. Objeto. Nos vamos configurando en ese transitar de sujeto a objeto y de objeto a sujeto. Sujeto-objeto existente. Sincronía trepidante. Libertad en proceso de vivir.

El «algo más» del momento vivido. Nos transformamos. La experiencia grabada en la carne existente, en la memoria del cuerpo-palabra. Expectativas, miedos, deseos, creencias...

¿La realidad está fuera del observador-sujeto? El sujeto como parte activa de ella —crea y compone su visión de la realidad—. Se integra y actúa en ella, en su transformación, transformándose a su vez en esa experiencia. Es un *continuum* de creación, correlativa y sincrónica.

El tiempo de creación se curva sobre sí mismo. Causa y efecto. ¿Linealidad? Los tiempos confluyen en el instante vivido. Sopla el viento de la eternidad. Libertad de decidir cómo vivir el tiempo, la vida. La mujer que decide decidir desde su autonomía de sujeto, a pesar de estar condicionada por otros.

Sociedad patriarcal. Mujer —objeto de sometimiento—, sobrecondicionada en ese orden de cosas.

Las maneras vigentes de interacción entre los sexos tienden a perpetuarse de forma natural en una inercia continuada, pues se anclan en una disposición simbólica que jerarquiza los sexos. Posicionamiento consciente, decidido y persistente frente al «natural» devenir de una desigualdad existencial injusta. Atrevimiento. Propósito. Responsabilidad para *ser*.

Mujeres y hombres rebelándose contra el falaz principio de inferioridad del sexo femenino, contra la injusta asimetría fundamental entre los dos sujetos soberanos, contra ese orden relacional que nos empobrece a todos. ¡Creación sublime! Sujetos lúcidos, libres y deseosos de caminar juntos sin subyugar unos a otros. Miradas de igual a igual plenas de deseo. Vuelo. Vida. Belleza. Bondad. Verdad. ¿Un sueño?

Mujer: sujeto de intercambios simbólicos y no un símbolo intercambiable por otros. Despertares sorprendentes. Infinita hondura carnal en el ser mujer. Libertad irreductible. Alma en vuelo —cuerpo-palabra creando, y que se crea en el crear—. El tiempo vivido se curva sobre sí mismo. Prolongación. Eternidad. Trascendencia.

La dominación entre los sexos se resiste a desaparecer. Es tozuda. Se ha erotizado. Se desea y se busca por muchos sujetos de ambos sexos. Se normaliza en su constante e imperceptible confirmación. La servidumbre se instala en la relación entre los sexos y la dependencia del sujeto mujer pasa a ser constitutiva de su ser en un orden patriarcal.

La mujer-objeto sueña con los sueños de los hombres, goza con su gozar. Sumisión. Adaptación. Conformismo. Recompensas. Ganancias. Resignación. Olvido. Ignorancia de lo que se es: libertad latente, transformadora del mundo. ¡Vuela! ¡Sueña! ¡Sé!, aunque sea en el interior de ti misma.

Ningún sujeto es propiedad de otro sujeto. La servidumbre voluntaria o involuntaria desmerece y envilece al sujeto existente. La mujer no es un objeto de sacrificio. La miseria denigra. La servidumbre, incluso la voluntaria, no es atributo de sujeto. No es lo mismo colaborar de igual a igual que servir desde la inferioridad existencial.

El poder sobre otros *versus* el poder de una misma en sí misma. ¿Es posible domar una libertad irreductible en su determinación a *ser*? El poder está en la mujer-sujeto, dueña de sí misma.

Decisión y tiempo para formarse. Construir una existencia más digna, más interesante y auténtica para sí misma. ¡No te despistes! ¡No te distraigas! ¡Hay mucho por hacer! ¡Valor!

Miedo a la desaprobación de los otros. Pérdidas. Soledad. Culpa. Desasosiego existencial. Confusión. Angustia. Insuficiencia. Faltas y defectos. Imperfección. Inadecuación. Reducción existencial. ¿Y si nos dejamos de memeces? ¿Y si nos hemos creído falacias que nos atrapan a todos en un escenario de apocamiento e infelicidad? La vida la vivimos nosotras. Podemos cambiar de actitud y transformar nuestra realidad. ¡Ánimo! ¡A desprenderse de basura mental! Es hora de soltar cadenas y caminar más ligeras, más libres por la vida. ¡Escapémonos de nuestras propias prisiones!

Libre circulación por espacios públicos y privados. Acceso al saber. Leyes justas que posibiliten igualdad de oportunidades para llegar a *ser* para los dos sexos. ¡Que nacer mujer no sea una desventaja para ser sujeto de pleno derecho! ¿Utopía? ¡No! ¡Es cuestión de todos! La ciudadanía despertando de su letargo.

Mujer, sujeto sexuado y sexual de pleno derecho. Su sexualidad es expresiva de sí misma, de igual valor que la sexualidad masculina. ¿Se le da el mismo valor? ¿Se la nombra, se la estudia y se la reconoce en su particularidad expresiva? ¿Qué desea el sujeto mujer? ¡Valoremos nuestra condición sexuada y sexual, respetemos el cuerpo real que somos, nuestra sexualidad, deseos y amatoria! Interactuar con otros de igual a igual, y jamás dejar de hacerlo. ¡En ello nos va la vida! Transformemos nuestra realidad transformándonos a nosotras mismas como sujetos existentes.

3. EL SUJETO SEXUAL MUJER

La condición sexuada y sexual transita todo nuestro ser mujer, toda nuestra carnalidad pensante y sintiente. Es un valor, un inconmensurable tesoro a descubrir en su verdad, bondad y belleza.

El sujeto mujer tiene derecho a *ser* como cualquier otro sujeto. Tiene derecho a ser dueña de sí misma. Tiene derecho a la disposición de sí, a la disposición del cuerpo-palabra sexual que es. ¡No lo olvidemos nunca! ¡Nadie tiene derecho a disponer del cuerpo que somos, de nosotras! ¡Y es así de rotundo! La mujer es sujeto de pleno derecho.

El sujeto mujer no es indiferente a su condición de sujeto. Valora serlo desde el compromiso consigo misma en su existencia. La condición sexuada y sexual posiciona a la mujer en el mundo como una conciencia hecha cuerpo real, hecha vocablo vivo. Fortaleza interior, poder en sí misma y sobre sí misma. Disposición de sí para relacionarse con otros de igual a igual, en su propio mirar, pensar, sentir, interpretar, desear y actuar. ¡Tú decides!

Nos hacemos sujetos mujeres comprendiéndonos como tales. Obstáculos. Contratiempos. Esperanza de llegar a *ser*. Confianza en nosotras mismas. Coraje. Tenacidad. Éxito.

Nadie nos puede impedir pensar, sentir y decidir cómo actuar frente a las circunstancias y acontecimientos que nos afectan. Nadie puede matar nuestra indomable libertad mientras estemos vivas, salvo que las mujeres lo consintamos. La inagotable llama de nuestro ser, nuestra susurrante voz nos hablará y nos reconfortará desde nuestra infinita profundidad corpórea.

No nos detengamos demasiado en la condición de heridas y dañadas. Nos debilita en nuestro caminar como sujetos. Nos entretiene y desvía. No nos lo podemos permitir. Nuestra tarea consiste en seguir realizando nuestra tarea. ¡Ánimo y a volar! ¡Y que sea un vuelo hermoso!

Es mucho más interesante crear tu vida que participar en tu propia opresión. No perdamos el contacto con nuestras necesidades, sentimientos y deseos, con nosotras mismas. ¡No perdamos nuestra voz, amemos nuestras palabras! Nadie puede ser por nosotras. Nadie puede ser sujeto por nosotras: esta es nuestra tarea. Solo nosotras podemos conseguirlo.

Todo comienza y termina en el cuerpo-palabra que somos; somos principio y fin de todo lo que nos sucede. Conscientes o no, creamos nuestros patrones de estar en el mundo, y podemos cambiarlos si así lo decidamos. De nosotras depende. ¿Qué quieres hacer? ¿Cómo quieres vivir tu tiempo? ¿Quién quieres ser?

Las sistemáticas renuncias de cada día son un gran impedimento para llegar a ser sujeto mujer de pleno derecho. ¿Son realmente necesarias? ¿Vivir en el olvido de sí es nuestro destino de mujer? ¿Por qué y para qué? Obsoleto. Impropio. Inútil. Falaz. ¿Qué crees tú?

Mujeres conscientes en el existir como sujetos. No pertenecemos a nadie, ni siquiera cuando nos aman o amamos. La dependencia y la subordinación existencial a otros nace de nuestro consentimiento. Sin darnos cuenta, colaboramos en nuestra propia sumisión. Las mujeres tenemos todo el derecho a expresarnos en nuestra vida, en nuestra sexualidad. No somos secundarias en el encuentro con otros.

Tomar la decisión de elegir *ser* sujeto mujer y responsabilizarse de la decisión llevándola a cabo en nuestro día a día existente. ¿Es difícil? ¿Es imposible? Nadar contra corriente es laborioso y cansado. Sin embargo, merece la pena. ¡Insiste! Tuya es la tarea. Sólo tú puedes ser tú. Sólo tú puedes ser ese sujeto mujer único e irrepetible en su narración existente.

La soledad es consustancial al sujeto existente. Soledad abierta a otras soledades precisamente por ser humana sexual, por ser profundamente relacional.

Para ser sujeto sexual en igualdad de valor primero tenemos que cambiar nosotras. El cambio personal sí depende de una misma. Así facilitaremos el cambio de los otros, sean del sexo que sean. Esa es nuestra gran tarea: cambiar comprendiéndonos, respetándonos, aceptándonos en nuestra real y palpitante piel carnal. ¡Basta ya de cadenas! Están también en nosotras. ¡Es hora de *ser*!

Las mujeres somos poderosas en nosotras mismas. Si creemos en nosotras, acrecentaremos nuestra fuerza como sujetos existentes. Vencer los obstáculos fortalece al sujeto existente, le forma. Resistir. Construirnos como sujetos mujeres es el gran tema de la libertad de *ser* en primera persona. ¡Despertemos ya! Las cosas que nos suceden no son algo irremediable. Tenemos voz y cosas que decir, una y mil veces hasta que se nos escuche. Componer nuestra historia, nuestra vida, debe ser lo más importante para nosotras, ¿para quién si no?

Como sujetos responsables de nuestros actos también somos responsables de la repercusión de esos actos en la narración existente de otros. Transformándonos, transformamos a otros, y también la realidad existencial en la que nos encontramos. ¡Hagamos que sea algo de lo que podamos sentirnos orgullosas, algo hermoso en su inconmensurable humanidad! El mundo puede ser mejor y la existencia en él, más justa, grata, digna y humana.

La existencia de cada una implica a otros. La ética y la estética empapan la conducta de un sujeto. Constantemente enseñamos y creamos. La vida de uno es el asunto más trascendente para ese uno, pero también es importante para los demás, puesto que ese uno influye en otros, y contribuye a que las cosas sigan como están o cambien. Formamos parte de una vibrante red relacional. ¡Soñemos un mundo mejor ¡Convirtamos el sueño en un propósito a realizar!

La consciencia de ser mujer *versus* enajenación

1.   LA ENAJENACIÓN EN EL SER MUJER

Nacemos y nos hacemos mujeres en una sociedad dada, en relación continuada con otros sexuados y sexuales. Devenir histórico de significados y sentido en el ser. Su internalización en nuestra socialización, en el proceso de nombrar y ser nombrados. ¿No nos podemos escapar de ser resignadas partes de ese continuado todo?

¿Qué hacer? No nos podemos liberar de nuestra historia, pero podemos entenderla y cuestionar sus verdades. Preguntas. Respuestas. ¿Qué necesitamos hoy para vivir mejor, para relacionarnos mejor? ¿Qué significa «vivir mejor» y «relacionarnos mejor»?

¿Los significados que manejamos para explicar cada sexo nos influyen en lo que somos y en cómo nos vivenciamos? Los humanos bebemos de los significados para hallar el sentido en nuestro mundo. El ser humano nace y se hace en medio del saber. La diferencia de los dos sexos asume muchos significados y es un significante que estructura a los sujetos sexuados y sexuales.

Hallar sentido y adaptarnos. La conformidad con aquello que se cree que es el sexo de uno es un instrumento muy eficaz de socialización del individuo.

Red de reglas y conductas para cada sexo. Moldeamiento de los sujetos existentes. La red de reglas y conductas es apenas perceptible, constantemente activa en su continua repetición. Lenguaje no verbal. Todos influimos en todos, todos enseñamos queriendo o sin querer, y creamos un orden, que podría ser otro.

Un orden social dado tiende a perpetuarse manteniendo sus estructuras. Una de sus estructuras fundamentales es el conjunto de significados atribuidos a «ser mujer» y a «ser hombre». Esos significados traen consecuencias para todos nosotros en nuestro vivir día a día en relación.

Aceptar e internalizar los significados respecto a lo que es «ser mujer» abre y cierra las posibilidades de nuestro desarrollo. Nacemos y nos hacemos mujeres en medio del saber.

Patriarcado como orden social. Prejuicio desfavorable contra lo femenino. El sexo femenino considerado inferior al masculino. Ignorancia en el mirar, nombrar y valorar lo femenino. La mujer olvidando su grandeza en el ser, reconociéndose en el varón. Mujer-sombra, útil compañera, incluso sierva.

Patriarcado: Mujer para gobernarla. Trabajadora. Colaboradora para conservar y transmitir las normas. Sujeto reproductor. Objeto de disfrute...

Adaptación. Aceptación. Resignación. Algunas ganancias. El precio: El olvido de sí. Enajenación existente. La alteridad real se vuelve imposible.

Sociedad patriarcal: construcción de significados a partir del mirar masculino. El hombre que mira percibe aquello que tiene sentido para él, aquello que comprende o que le es útil; percibe lo que ve con sus ojos. Percepción selectiva. Construcción de una realidad, una de tantas también posibles.

Para sostener un orden de cosas es precisa la colaboración de los dos sexos. Las mujeres y los hombres deben respetar las «verdades» de dicho orden y perpetuarlas partiendo de ellas en su existencia. Es necesario «educar» a los individuos para que crean y sean sumisos a sus mandatos. La inconsciencia en el ser es muy conveniente para volver a los potencialmente subversivos en mansos. La enajenación en el ser mujer es crucial para sustentar el orden patriarcal.

Para que el orden patriarcal se perpetúe la mujer tiene que creer en su insuficiencia, en su inferioridad con respecto al varón. La mujer tiene que asumir sus secundarios papeles y querer ser querida y deseada, y no pretender desarrollarse plenamente como sujeto existente mujer. ¡Eso sería el caos! ¿Cómo podría conservarse entonces el orden patriarcal? Si la mujer no acepta como natural el gobierno y el dominio masculinos se acabaría el orden asimétrico entre los sexos. La mujer que se resiste a colaborar en su propia subordinación es calificada como «loca», «bruja», «marimacho», «puta»… La obediencia se fomentó en la mujer como una de sus virtudes capitales a lo largo de los siglos.

La independencia del principio femenino no puede comprenderse por no existir en una asimetría comparativa de los dos sexos. Parece obvio, sin embargo lo ignoramos. ¿Cómo salvar este obstáculo al reflexionar sobre la mujer? ¿Dónde están *nuestras* palabras?

Las formas de clasificación se emparentan con las formas de dominación. La objetividad se torna específicamente masculina y lo femenino se desvirtúa al estar contenido en la categoría universal-hombre. Las claves explicativas de la mujer le son ajenas por pertenecer a sistemas masculinos de representación. Mujer desposeída del capital simbólico propio.

Las claves explicativas que utilizamos los dos sexos para nombrar y ser nombrados valoran como positivo lo que se atribuye al sexo masculino, mientras que las cualidades atribuidas al sexo femenino son desvalorizadas, salvo cuando sean útiles para perpetuar el orden patriarcal. Los valores masculinos se perciben como superiores, deseables y dignos de ser imitados. Los femeninos se condenan al desprestigio, disimulo, represión y negación. El sentido de las mujeres se constituye al margen de ellas. El «natural» cometido de las mujeres es servir para perpetuar, reforzar y aumentar el capital simbólico del varón. Se las adiestra para cumplir bien su papel desde que nacen y comienzan a nombrar aquello que ven.

En su educación, las mujeres internalizan que lo «propio» de su ser es estar sujetas a los hombres, mensaje que se codifica de forma implícita, sutilmente, en sus sistemas de representación y en sus claves interpretativas para discernir la realidad. Lo femenino se aliena, se muta en inhallable e innombrable, excepto para desvirtuarlo en su *ser* una y mil veces. El sexo femenino se vacía en su identidad real.

El pensamiento dicotómico para describir los dos sexos no corresponde a la realidad humana. En los sujetos existentes reales, las cualidades de los dos sexos suelen ser comunes a ambos, manifestándose o codificándose de forma diferencial en cada uno de los sexos.

Cada sujeto existente mujer es único e irrepetible, es singular en su concreción real de *ser* mujer, con su particular verso o prosa narrativa en su devenir biográfico.

Dejar atrás los discursos negativos que desprestigian lo femenino y también los que lo ensalzan en tanto en cuanto el sujeto mujer se contente con su lugar a la sombra del varón, con ser gobernada y dominada por él. ¡Basta ya de cadenas! Tarea que requiere constante atención y cuestionamiento. Compromiso en una resignificación continua. Complicado. Sagrado...

Ambos sexos son naturaleza culturizada y socializada en su existir en relación. Ambos sexos son activos: crean sin parar realidades que nos incluyen. Merece la pena ser conscientes en esta acción.

Mujeres que eligen ser autoras en su existencia, en su decir, a pesar de que nos tachen de desequilibradas, taimadas, malvadas, o lo que sea. Nadie lo va a hacer por nosotras.

Un maléfico cuento: el de un sexo fuerte y otro débil. Ambos sexos son fuertes y débiles a la vez, dependiendo del prisma con el que se los mire, y de sus circunstancias.

Si las mujeres nos creemos débiles, actuaremos y nos comportaremos como si esto fuera verdad. Imperceptiblemente, confirmaremos esta falaz creencia en nuestro vivir y, sin querer, contribuiremos a perpetuar un orden de cosas que nos daña en lo más profundo, ignorando lo que somos las mujeres. Así ejecuta la violencia simbólica su aplastante efecto.

Creencias. Expectativas. Comportamientos. Acción e inacción. Confirmación existencial de las premisas de partida. Memoria selectiva: solemos recordar más aquello que confirma lo que creemos. ¿La realidad es la que es? ¿Un hechizo irrompible?

El hábito existencial se incrusta en la carne sexual sintiente y pensante que somos. Las vivencias nos moldean en nuestro ser. El hábito en el ser mujer en una sociedad dada se forma paulatinamente y condiciona nuestro cuerpo-palabra relacional, de manera sutil se hace carne existente. La inferioridad sentida y vivida en un orden social injusto cosifica a las mujeres sin que seamos conscientes de lo que sucede, nos hace agachar la cabeza y bajar la mirada.

La realidad hallada por los sexos es una realidad inventada en un campo de significaciones que nos enmarca en un mundo significante, el cual nos precede e incluye. De nosotras depende aceptar sin más sus límites, que nos ahogan, o cuestionarlo, tratando de comprender y no participar en la construcción de una realidad que margina y excluye a las mujeres como sujetos sexuales de pleno derecho a *ser*. ¡Ya es hora de que dejemos de creer las perniciosas tonterías que se han dicho de nosotras, para que no se hagan realidad!

Al dejar de creer en la «verdad» de una creencia, esta se vuelve inadecuada y obsoleta, se desincrusta de la existente carne sexuada que somos.

El prejuicio de la supuesta inferioridad del sexo femenino pesa como una losa en nuestro caminar día a día, dificulta nuestro desarrollo, nos vacía en el ser mujer. Se hilvana de forma explícita e implícita en los sistemas de representación de los sexos. Si las mujeres recurrimos a esos sistemas de representación, solo nos resta negar lo que somos, por no disponer de palabras que lo expresen rescatándolo de lo inconsciente indeterminado, mudo y sin nombre. Así, las mujeres aceptamos llevar la equivocación en nosotras mismas, que somos fallidas e inadecuadas en nuestro ser sexuado y sexual. Es el malestar que no tiene nombre. Habitamos un espacio de exclusión simbólica, interna al orden establecido, es decir, que forma parte de ese orden y lo mantiene. En dicho orden, las mujeres carecemos de un discurso propio, salvo para la queja y la protesta ineficaz, que corroboran y fortalecen todavía más lo establecido.

No a la victimización de la mujer, pues nos debilita, es una trampa. Nadie va a venir a salvarnos. La resignificación de los sistemas de representación de lo que somos es nuestra tarea, no lo pueden hacer los hombres. Tomar consciencia de lo que somos las mujeres es fundamental para nuestra transformación, y, por tanto, de la transformación de la realidad en la que nos desenvolvemos y que nos incluye.

Las mujeres seguimos sin encontrar nuestro propio lugar en las sociedades androcénticas, tenemos hambre de reconocimiento.

Al desvalorizarnos, las mujeres nos reducimos a una mínima expresión de lo que podríamos llegar a ser; inconscientemente tendemos a autoanularnos en un siniestro y repetitivo autoboicot existencial. Pérdida de la confianza en nosotras mismas. Autoestima empobrecida. Sentimientos de debilidad e impotencia. El maléfico círculo se completa. El sujeto existente mujer aprisionado en un no ser del todo.

Si una mujer no cree en sí misma, ¿en quién puede creer sin perder su autonomía en el ser?

La mujer enajenada en su ser mujer se habitúa a conjurar a los «poderosos» para que la protejan a cambio de acoplarse a sus deseos, necesidades, expectativas, mandatos... La socialización de la mujer refuerza su «natural» subordinación al varón, la cual ya no se fundamenta sobre todo en las leyes o disposiciones religiosas, sino en las consideraciones, emociones, hábitos, deseos y sentido en el ser.

Si creemos que el sentido de ser mujer es servir a otros, cuidarlos, alimentarlos, quererlos pase lo que pase y nos traten como nos traten, eso es lo que haremos las mujeres en nuestra existencia, salvo que la vida nos coloque en una situación tan clara que nos obligue a cuestionar nuestras creencias o rebelarnos contra ellas.

En nuestro proceso de socialización, en algún momento, dejamos atrás a la niña curiosa e intrépida que trepa a los árboles, se pelea con los niños y lucha para defender a sus compañeros más débiles. «Las chicas no son así», se nos dice mil veces. «No te va a querer nadie si pareces un muchacho.» Y acabamos creyéndolo. Nos adaptamos a lo que se espera de nosotras, entre otras cosas, porque empezamos a desear a otros y tememos que no nos quieran por ser como somos.

El desvalimiento femenino tiene sus recompensas: otros acuden a auxiliarnos y parece que incluso les gusta hacerlo. Pero, ¿qué precio pagamos? Si no nos creemos válidas, si no nos estimamos desde nosotras mismas nadie podrá crear ese sentimiento en nosotras desde el exterior. Nuestras expectativas existenciales se reducirán a ser actrices secundarias de nuestra historia personal. Se trata del proceso de despersonalización femenina, de la lenta y aplastante enajenación en el sujeto mujer.

Vivir a la sombra de otros. Sentir que nuestra vida no nos pertenece. Vivir como si estuviéramos viviendo. ¡No! ¡Una habitación propia! Tu espacio-tiempo: tu vida. ¿Qué quieres hacer?

Creer en nosotras. Implicarnos en nuestra profunda revalorización como sexo. Implicarnos en nuestra transformación. Crear siendo autoras y tomarnos en serio. Nuestra propia narración existente desde el compromiso con una misma y la responsabilidad en el ser, de llegar a *ser*, trascendiendo el miedo a conseguirlo: el peor miedo de todos los miedos.

«¿Podré? ¿Me atreveré? ¿Seré capaz de lograrlo? ¿Y si fallo? ¿Y si lo consigo?»... La paralizante inseguridad se inscribe en el cuerpo-palabra que somos, dificulta la toma de decisiones. La mujer se vuelve dependiente. Son otros los que le proporcionan la seguridad que le falta.

La debilidad de la mujer enajenada es una debilidad consagrada a otros. Ser objeto del deseo del hombre e influir sobre este. No ser sujeto deseante que convierte su deseo en propósito a conseguir. La alienación en el ser mujer niega la soberanía femenina en su narración biográfica.

El sometimiento de la mujer ha degradado su cuerpo-palabra sexual, la ha empobrecido en su conciencia hecha carne, la ha relegado al espacio de las apariencias. Y si no hay autonomía, la individualidad se torna un imposible.

La mujer enajenada finge para conservar su precario equilibrio en el existir; finge, imita y controla. Aparentemente no le pasa nada, solo frustra la vida que hay en ella, esforzándose en perseguir metas que la idiotizan.

Las mujeres fantasean. La capacidad de fantasear nos ayuda a sobrellevar la alienante cotidianidad que nos ocupa sin parar. Fantasear nos entretiene y alivia, sin embargo nos ubica en el espacio de la ilusión, contribuyendo a perpetuar nuestra enajenación en el existir.

Nuestra mala educación para vivir la propia narración existente es una prisión mental, que nos constriñe más que cualquier otra externa y real. Se nos enseña a temer y a sentirnos culpables si nos alejamos de las normas establecidas, de los estereotipos internalizados en nuestro proceso de socialización, los cuales nos dictan cómo debemos ser las mujeres, ignorando con frecuencia cómo somos. No es de extrañar, pues los estereotipos son composiciones que nacen en un orden de cosas determinado, contribuyendo a su perpetuación; no son subversivos, son conservadores de dicho orden.

Enajenación en el ser mujer. Ignorancia de lo que somos. Sensación de carencia en el ser. Impotencia. Culpa por ser defectuosa e incompetente o por ser demasiado competente. Culpa por ser o por no llegar a *ser*. Hagamos lo que hagamos las mujeres somos culpables ante nosotras mismas y ante la sociedad. ¡Es absurdo! ¡Ya está bien de tanta trampa torturadora, de tanta tontería que nos hace daño existencial! ¡No más culpas que aprisionan! ¡Fuera las cadenas mentales!

La enajenación en el ser mujer se acompaña del miedo a la libertad, del miedo a tomar nuestras propias decisiones, a expresarnos abiertamente. También, del miedo a la soledad, al rechazo, a la invisibilidad. Esos miedos nos tornan presas en el existir.

Poseer derechos no es equivalente a hacerlos realidad en el día a día. Las mujeres estamos educadas para saber renunciar, incluso a nosotras mismas. La mujer enajenada calla sus palabras: la autoafirmación no es «femenina». Encogimiento en el ser. Autonegación.

Las mujeres tendemos a comprender y a perdonar hasta lo que nunca deberíamos perdonar, porque es imperdonable. No se puede consentir el menosprecio, la denigración o la violencia. La injusticia no es divertida, nunca lo es.

¿Qué duda cabe que el sacrificio por los seres queridos es un acto de nobleza y generosidad? Las mujeres enajenadas se sacrifican con demasiada premura, incluso sacrifican su proyecto vital, su narración de vida; y si no se sacrifican, se sabotean y se autocastigan. ¿Cuál es la ley de tu propia existencia?

Mala educación: Sufrimiento en el ser. El dolor redime. Recompensas espirituales. Cierto éxtasis existencial. La mujer sufriente. La mujer víctima. La mujer que no lucha. La queja continuada. Claudicación. Resentimiento. Frustración.

La enajenación en el ser mujer se entrelaza con el equívoco en el propósito de vida y con la ignorancia de sí misma como mujer. Y una vez que se tenga un propósito, se soporta casi cualquier cómo. La mujer enajenada vive de forma inconsciente, sobrellevando una existencia al servicio de metas que la van vaciando pausadamente en el sí-mismo carnal que es. La mujer enajenada se abstrae de sí misma, no se concentra en el cuerpo-palabra que es y se olvida de que es.

Hoy, el malestar femenino persiste a pesar de que las mujeres, supuestamente, somos libres. Seguimos carentes de recibir la consideración y el respeto por ser mujeres.

Incluso las mujeres emancipadas tienen que renunciar a su propio ser, internalizando los valores masculinos, imitando las cualidades y metas masculinas, aceptando que ellas son imperfectas, intrusas en el mundo de otros. Muchas mujeres que triunfan en un mundo de hombres tienen la sensación de estar quedándose con los trofeos de otros, de sustraerles algo que no les corresponde a ellas. Se sienten en falso, a punto de ser desenmascaradas.

La mujer enajenada se camufla con la careta de la feminidad, la cual, con frecuencia, es un modo de mostrar complacencia respecto a las expectativas masculinas, reales o supuestas, especialmente en materia de incremento del ego masculino. La mujer enajenada sigue los mandatos de su estereotipo sexual, difuminándose en lo genérico aparentemente común. Nadar en esas aguas le proporciona la seguridad que no obtiene en el interior de sí misma. Sin embargo, refugiarse en el olvido de sí no es la solución.

En las sociedades occidentales, las mujeres transitamos en una constante contradicción social: la de la supuesta igualdad entre los sexos y la desigualdad real. ¿Hasta cuando?

Al considerar que las mujeres no somos individuos únicos e irrepetibles, sino parecidas, sustituibles por otras, intercambiables e idénticas en nuestro ser mujeres, nos vemos reducidas a un bien reemplazable por otras, cosificadas en el cuerpo-palabra existente que somos, cuya infinita hondura carnal se ignora.

La mujer enajenada se cree fácilmente sustituible. Por eso se compara con sus potenciales competidoras y desconfía de otras mujeres; las considera rivales. Pero al competir se suele salir perdiendo, porque se daña a una misma y a las demás mutándonos en objetos comparativos, reafirmando sutilmente que las mujeres somos intercambiables y sustituibles, reforzando nuestra inseguridad existencial.

Como consecuencia de representar un papel y de vivir conforme a lo que se espera de ella, la mujer enajenada termina por no saber quién es, qué es lo que desea y para qué vive. No se siente con fuerzas de enfrentar su propio vacío interior y disimula, y se entretiene en su tiempo, pues tiende al aburrimiento y a no implicarse con las cosas que se salgan de su reducido campo de acción. El vacío duele y espanta. La vida no vivida pesa como una losa en su interior.

El camino de la propia alienación es progresivo, paso a paso, latido a latido sumido en la inconsciencia existencial. La mujer enajenada sueña y fantasea que alguien va a venir en su auxilio, pero en la espera su tiempo va pasando. Siente miedo y ese miedo la recluye en su prisión.

El miedo en la mujer se fomenta y se sustenta social y culturalmente porque favorece la perpetuación del orden establecido entre los sexos, le interesa al grupo dominante para seguir siéndolo. La victimización de la mujer contribuye a mantener al sexo femenino bajo el control masculino, y, en esto, consciente o inconscientemente, colaboramos también las mujeres. Sentirnos víctimas es una trampa para las mujeres y no deberíamos caer en ella; nos incapacita para *ser*. ¿Qué pasaría si dejáramos de colaborar en nuestra sostenida reducción como sujetos existentes?

A las mujeres se nos educa desde pequeñas para detectar necesidades de otros, para adivinar sus deseos y satisfacerlos; nos adiestran para ser eficaces objetos de transacción, que renuncian voluntariamente a la especificidad de su sexo. La disposición para servir y para someterse se hilvana de manera imperceptible en nuestro ser mujer. Así, mediante la continuada renuncia y sumisión existencial, confirmamos el prejuicio de la superioridad masculina, reforzando la diferencia de poder entre los sexos.

Como decía ya Platón, no se conoce el camino seguro para el triunfo, pero sí para el fracaso seguro: es el de querer complacer a todo el mundo.

No es bueno ni conveniente echarles la culpa de nuestra sumisión vital solo a los hombres. No nos conduce a nada útil. Nosotras mismas la perpetuamos de forma consciente o no en nuestra existencia diaria. Las mujeres tenemos que reaccionar y responsabilizarnos de nuestro cambio en el *ser* mujer, de nuestra personal reafirmación existente.

La enajenación en el ser mujer. Confusión en establecer los propios objetivos. Ignorancia de quién es una y de lo que realmente desea. La jerárquica desigualdad existencial entre los sexos permanece inalterable. ¿Cómo podría ser de otro modo si la mujer sigue creyendo que servir a los demás es una misión moralmente superior a la de concentrarse en el propio desarrollo como persona?

La servidumbre voluntaria es mucho más difícil de detectar y combatir que la involuntaria. ¿Es la mujer el Gran Seno para los otros?

El vínculo de las mujeres con los otros es emocional, aderezado con mucha fantasía. Las fantasías a propósito de cómo deberíamos ser y cómo nos quieren los otros nos conducen a la frustración. Nos sentimos ocupadas por los otros, invadidas por ellos; no nos pertenecemos. No obstante, los otros ni nos invaden ni nos habitan si no lo consentimos. Somos las mujeres las que los instalamos en nuestro interior.

Consigna de la mujer enajenada: Para ser es preciso dejar de ser. Las mujeres la internalizamos en nuestro proceso de socialización. ¿Y si renunciamos a nosotras mismas en quién nos convertimos?

La renuncia a sí misma, a formular un proyecto de vida propio. Se espera de los otros que nos proporcionen aquello que no nos atrevemos a alcanzar por nosotras mismas: poder, valía, libertad de movimientos, vitalidad, sentido... El sacrificio de los deseos de la mujer enajenada tiene un precio, que pagan también los otros, que son controlados por ella, manipulados en las interacciones en el terreno privado, en las distancias cortas.

El estado anímico de la mujer enajenada desemboca frecuentemente en violencia, predominantemente sobre sí misma, pero también sobre los demás, a los que se daña y se perjudica desde el malestar que carcome por dentro.

La enajenación en el ser mujer se conjuga con ser para otros, y ser para otros implica también ser cuerpo para otros. Cuerpo para ser objetivado, valorado o no, reducido a una superficie brillante o no, manipulado y utilizado o no... Cuerpo para uso y disfrute, cuerpo erótico para proporcionar placer a otros, gozando o no en esa acción. Cuerpo estético para el agrado de otros en la contemplación, en la posesión y exhibición como si de un caro objeto decorativo se tratase. Cuerpo reproductivo. Cuerpo nutricio. Cuerpo de trabajo, sobre todo del trabajo doméstico... ¿De quién es nuestro cuerpo? ¿A quién pertenece? ¿A los otros? ¿A nosotras mismas? ¿Es posible ignorar en tiempos de democracia que el cuerpo de las mujeres pertenece a las mujeres?

La irracional aceptación de que nuestro cuerpo-palabra no nos pertenece es un elemento clave de la sujeción de la mujer.

Otro elemento importante de la sujección de la mujer es el creer que su poder radica en la influencia sobre otros.

La mujer enajenada invierte muchísimo tiempo en mantenerse bella y esbelta. Su bonito cuerpo es un boleto para el éxito, ascenso social y supuesta felicidad. El mensaje es: el poder femenino es la belleza y la juventud. Sin embargo, la mujer bella de nuestras sociedades patriarcales es el símbolo del poder masculino, no corresponde al poder real del sujeto mujer, todo lo contrario. Los ideales de belleza ejercen una tiranía implacable sobre las mujeres de carne y hueso, las reales.

La enajenación femenina no respeta el cuerpo real que somos, «imperfecto» en su viva y cambiante carnalidad.

El culto de la belleza por parte de las mujeres y un nuevo modelo de sexualidad femenina se han instalado con éxito en nuestras sociedades de consumo. La mujer que se precie debe mostrarse atractiva y sexy. Aparentar es lo principal, no tanto ser. Una falsa autoestima, basada en el reconocimiento y el aplauso de otros, suplanta a la que se basa en la valía propia y confianza en sí-misma. Más allá de la superficie reluciente se atenta contra sí misma, contra la propia identidad, contra el desarrollo personal, el orgullo de *ser* y la libertad para *ser*. ¿El culto de la belleza femenina es un instrumento eficaz de política sexual para mantener a las mujeres entretenidas y concentradas en conseguir ser un objeto a admirar, desear y utilizar, para seguir siendo el segundo sexo que acepta resignado ser dominado por el primero?

¿Todo vale con tal de triunfar y trepar socialmente en un mundo centrado en el hombre, también mentir, simular, actuar y defraudar a nosotras mismas?

La mujer enajenada en su ser cree que sí. De hecho, la alienación femenina se asocia con el aprendizaje de agachar la cabeza y con la acuciante necesidad de atraer y demostrar a sí misma y a otros que es capaz de atraer. ¿Es necesario fingir para ser o, por contra, fingir nos impide *ser*?

«Para ser bella hay que sufrir.» Y nos lo creemos… ¿Por qué no nos dirán que para ser bella hay que saber lo que quieres, mirar de frente y sentirte satisfecha en tu viva piel?

La mujer enajenada es una mujer desposeída de sí misma, su proyecto de vida es utópico o mejor dicho, irreal: vive como si estuviese viviendo.

En nuestras sociedades de consumo el tener sustituye al ser, cuando es un imposible. Es una mentira que esclaviza a todos aquellos que se la creen, cegándoles por necesidades creadas, que no son tales, confundiéndoles en sus objetivos a conseguir. La verdadera felicidad radica en el ser, no en el tener. ¿Cabe alguna duda?

El miedo a envejecer continúa debilitando a la mujer en su *ser* mujer; tiene que esforzarse para ocultar que ya no es joven. Sin embargo, el derecho a envejecer de un modo natural, sin perder por ello ni valor ni dignidad en el *ser* mujer es un derecho que se vincula con la autonomía de un sujeto existente real, sea del sexo que sea.

La escalofriante tendencia de las mujeres a la abolición de sí se culmina en su notoria sobrevalorización del amor romántico. Todo se justifica por el amor y el deseo de ser amada. La inconsciencia y la apasionada desposesión de sí misma casan bien con la aceptada verdad de que el amor es ciego.

La mujer enajenada orienta sus sueños y deseos hacia el éxito en la relación con otros y no hacia el éxito en la relación consigo misma. Aprender a ser la mejor amiga de una misma no es su objetivo existencial. Además, el amar demasiado es un fenómeno principalmente femenino. Las mujeres estamos programadas para amar, preocuparnos por otros, consolar, ayudar, nutrir y cuidar a los demás. Utilizamos las relaciones para alejar el dolor de no *ser*, de no ser en y por nosotras mismas. No en vano el «deber» de las mujeres es amar; se supone que es nuestra realización personal.

Las mujeres que aman se convierten fácilmente en mujeres habitadas y dirigidas por otros. Es bueno estar atentas.

El sufrimiento, en contra de lo que se nos ha enseñado, no tiene que acompañar necesariamente al amor, tampoco te ennoblece; no es una virtud. A menudo es la consecuencia de la inconsciencia en el ser y la ignorancia del propio valor como cuerpo-palabra real —un canto de libertad y de creación constante.

La mujer enajenada en su ser cree que el amor romántico lo justifica casi todo. Lo importante es tenerlo y no lo que ocurre en ese amor, lo que te sucede en la relación amorosa, ni lo que tienes que hacer para conservarla. El amor que siente debe poder con todo. ¿Hay algo mejor? Otras formas de satisfacción que la vida le puede ofrecer no tienen tanto interés para ella. «La vida es así», se dice. Pero la vida es como la hacemos día a día, puede cambiar en cualquier momento, si es eso lo que queremos.

Los humanos somos seres vivos que nos habituamos a nuestras condiciones de vida, e incluso llegamos a sentirnos «seguros» en la precariedad existencial, si es la que conocemos. Sin embargo, se puede conseguir transformar nuestra realidad partiendo de una transformación personal, del cambio en nosotras mismas existentes. ¿Qué pasaría si las mujeres no consintiéramos la insolidaridad con nosotras en la existencia cotidiana, ni las muestras de falta de respeto por parte de otros?

La mujer enajenada se abstrae en su vivir. No es un cuerpo sintiente y deseante. Es un sueño. Su cuerpo es un extraño que se queja, duele y enferma. Y, puestos a ignorar, lo que más se ignora es nuestra condición sexuada y sexual, dotándola de inciertos significados, vigentes en la sociedad, los cuales no clarifican sino confunden. El olvido de sí, la renuncia, la adaptación a lo establecido, la conformidad con lo dado y el fingimiento dominan las vivencias sexuales de una mujer enajenada.

Las mujeres, en nuestro proceso de socialización, aprendemos desde niñas a relacionar nuestra condición sexual con la vergüenza, no con la dignidad ni con el orgullo de ser mujer. La impureza y el pecado, atribuidos a lo sexual, son más acentuados en relación con el ser mujer.

Los significados que definen la sexualidad femenina se conforman desde la sexualidad masculina distorsionando sus verdades explicativas. Esas «verdades» se repiten mil y una veces por los profanos y por los expertos, y son acatadas por las instituciones y legislaciones; terminan performando el cuerpo-palabra que somos.

La gestión de la sexualidad femenina y de la reproducción es clave para la sujeción de la mujer en una sociedad patriarcal y su represión como individuo carnal real: un sujeto existente sexual de pleno derecho a la disposición de sí.

El poder sobre otro ser humano se instala en las relaciones entre los individuos sexuados y sexuales, que siguen sus mandatos jerárquicos. La represión, coerción, opresión y dominación sustituyen a la necesidad humana más básica, la de reconocimiento, aceptación, respeto y apoyo solidario en el existir real, la de conectar desde la viva unión de piel con piel sintiente. El dominio sobre otro excita y seduce, sacia engañando la propia impotencia en el vivir con el espejismo de poder causar daño e, incluso, destruir a otro ser humano. La dominación se erotiza y se acepta como «normal».

¿Qué significa desde la interpretación masculina ser una mujer sexual? Y para la mujer, ¿qué significa ser sexual? El poder erótico de la mujer se mide en función de su efecto sobre el hombre.

El modelo de sexualidad femenina reconocido como normal en nuestras sociedades patriarcales es el que responde al modelo de la sexualidad masculina, es su complementario, y da la primacía al placer masculino, a sus necesidades y deseos. Para asegurar que las cosas vayan por los cauces establecidos se erige a la mujer complementaria sobre un seductor pedestal, se la admira y se la alaba por cumplir bien su papel.

En las sociedades patriarcales, los significados para comprender la sexualidad femenina de manera específica simplemente no existen. Así, el campo de inteligibilidad se reduce ocultando verdades sin nombre, que, aunque invisibles o no nombradas, existen y causan sus efectos. Uno puede ignorar ciertas cosas, pero no por eso desaparecen.

La mujer es una ausente en su propia inteligibilidad como ser humano sexual, salvo como compañera deseante de que la deseen, metamorfoseada a menudo en eficaz máquina sexual, y/o feliz madre. La mujer enajenada cree que este es su éxito existencial. Si la desaprueban, si la rechazan como pareja, ha fracasado.

El encuentro sexual es un ritual que las mujeres enajenadas tienen que seguir para obtener algo a cambio. La trivialización del sexo, imperante en nuestras sociedades consumistas, favorece la inconsciencia en el ser y en el hacer, propiciando que las mujeres nos convirtamos en una especie de mercancías sexuales, capaces de ofrecer transacciones placenteras y servicios para disminuir la tensión cotidiana y la ansiedad existencial de otros. Perseguir placeres efímeros entretiene y ocupa, impidiendo a la mujer descubrir lo que realmente quiere y le gusta, aquello con lo que de veras disfruta.

El miedo ata, también las mentiras que nos han contado desde pequeñas y que acatamos para ser «buenas chicas», tengamos la edad que tengamos. La aprendida timidez en nuestro proceso de socialización tampoco ayuda para oponernos a lo dado y no consentir en el olvido de sí.

Las mujeres aprendemos a sentirnos obligadas a satisfacer las necesidades de los hombres, nuestros compañeros en el vivir, ignorando las nuestras, desoyendo nuestros deseos, desvirtuando lo que somos.

2.   LA DISOCIACIÓN EN EL SER MUJER

La disociación en el ser mujer arranca de una sutil disociación del mundo simbólico. La dominación masculina, imperante en este y apenas perceptible, pues se vive como normal, tiende a convertir a la mujer en un objeto simbólico, cuyo sentido se construye al margen de ella misma. Se relega a las mujeres concretas a lo genérico común. El hombre posee el derecho de juzgarla en su ser mujer, criticarla y exigirle desde las alturas de la normativa objetiva. La mujer se disocia de su propio discurso. Para ser escuchada y aceptada tiene que adoptar un discurso comprensible o, sencillamente, abstenerse de elaborar el suyo por no encajar en el imperante y normal. Tiene que ser como supuestamente son las mujeres o intentar parecerse a los hombres desde su sentida inferioridad existencial. De esta forma, la ambivalencia respecto a sí misma y a lo «femenino» pasa a instalarse en su ser.

La miseria simbólica degrada y su efecto no desaparece al ignorarla o no percibirla. El *ser* es sustituido por parecer. La identidad de la mujer se resiente en su carencia. La ansiedad existencial se hilvana en el cuerpo-palabra que es.

La miseria simbólica merma el autoestima de la mujer. La mirada de la mujer disociada de sí misma se dirige hacia otros. Les necesita para completarse, para adquirir una identidad como sujeto. La mujer se vuelca en cuidar, agradar y amar a otros, destacando algunos aspectos de su identidad como si fuesen características totalizantes.

Se toma partido al sostener que la mujer es la Naturaleza, es sobre todo Madre, la Tierra nutricia. Tanto los hombres como las mujeres somos naturalezas culturizadas y socializadas. Todos podemos cuidar de otros, todos podemos nutrir y amar, eso no es patrimonio de las mujeres. Y todos podemos aprender a cuidarnos, a nutrirnos y a amarnos a nosotros mismos, aunque sea una asignatura difícil, sobre todo para las mujeres.

Tradicionalmente, las mujeres han encontrado su identidad en las relaciones y no en sí mismas, se han disociado del cuerpo-palabra existente que son. Eran los otros los que las definían en su ser social, tanto en el espacio privado como en el público. Sin embargo, lo creamos o no, nuestra vida pertenece a nosotras mismas y nuestra identidad sexual como mujeres sexuadas que somos, también. No es la de la musa, ni de la esposa, madre o amante. Es la nuestra propia por existir como individuos reales, con todo el derecho al propio desarrollo como personas que somos.

Nadie duda en nuestras culturas patriarcales que cuidar, nutrir y amar a otros es lo correcto y lo propio de ser mujer. En el proceso de socialización de la mujer, se nos inculca aceptar el papel de entrega a los demás. Internalizamos que las chicas buenas son así y, por lo general, deseamos ser consideradas como buenas, no como malas. Llega un momento en que algunas no establecen los límites entre ellas mismas y los otros próximos. En nuestras culturas patriarcales, el contrato socio-simbólico para el sexo femenino es el contrato sacrificial.

Para que las cosas sigan como están, la mujer debe honrar su santo cometido de entrega. Debe aprender a conformarse y abnegar de sí misma, negando lo que es para ser visible y aceptada por los otros. Ser para otros tiene que convertirse para la mujer en la manera de manifestar que existe. Ser mujer y ser para sí es una dulce quimera, incluso hoy. Las chicas buenas no sueñan con eso.

El centrar la atención de la mujer en los afectos y las relaciones es un eficaz regulador estratégico de la biografía femenina, que conduce a su sujeción de por vida a los otros, queridos o no; convierte a las mujeres en buenas colaboradoras de su propia sumisión. La mujer disociada de sí misma se vuelve ilimitada. Cree que lo que les ocurre a otros es más importante que lo que le ocurre a ella. Se vuelca en el cuidado de los demás, olvidándose de sí misma. Siempre hay alguien que la necesita, ella es para otros, aparentemente indispensable para ellos.

La dependencia se vuelve nociva cuando necesitamos vitalmente a otros para completarnos, cuando nuestra identidad se centra en el papel que desempeñemos en relación con ellos y no en nosotras mismas.

Educar y sacar adelante a los hijos es la labor más difícil y creativa que existe para un ser humano. A pesar de ello, las mujeres que se quedan en casa constriñen su experiencia de vida a un espacio reducido —el privado—. La mujer que se queda en casa cuidando a sus hijos y su hogar procura hacer bien las cosas, trabaja mucho y muchas horas, movida por el amor hacia sus seres significativos y por el amor propio. Nadie le podrá sacar los colores por no haber hecho bien las cosas. ¿Y el propio desarrollo, la formación de una misma como una persona completa? ¿Alguien lo podrá realizar por ella?

La mujer actual se debate en una doble polaridad, la privada y la pública, o, mejor dicho, la familiar y la profesional. Suele darle más importancia a su familia y acopla a ella, con mayor o menor éxito, la profesional. Si tiene suerte de contar con la colaboración de otros que le ayuden, esta tarea resulta menos costosa y agotadora. Si no es así, su vida se torna un proyecto difícilmente realizable.

Expectativas propias incumplidas. Culpabilidad por no haber hecho lo suficiente, por ser defectuosa, por fracasar. Más esfuerzo. Mayor concentración en dar. ¿Recibir? Ni siquiera considera que se lo merece.

La vida privada de la mujer, la suya propia ¿dónde queda? La mujer ocupada en dar no tiene tiempo para eso. Descubrir qué vida desea llevar no se plantea como un objetivo a conseguir. ¿Cuál es su sagrada tarea? Cuidar de otros, está claro. Su tiempo no le pertenece a ella.

La mujer disociada de sí misma se frustra en su carnalidad. Resentimiento. Rabia. Represión. Depresión. Enfermedad. Mujer apresada en su propia piel.

La mujer se disocia de sí misma cumpliendo los mandatos vigentes en la sociedad, que la cosifican, que la mutan en un objeto socialmente útil o una apariencia agradable. El cuerpo que es será expuesto a la mirada valorativa de otros, se transformará en el cuerpo para otros. El cuerpo vivo que es es su objeto transicional para alcanzar el anhelado éxito social e, incluso, el amor y la felicidad soñada. La mujer presa en un cuerpo-fetiche, que se empeña en traicionarla arrugándose, engordando, envejeciendo...

Una sorda angustia se instala en los cuerpos fetichizados. Atormentado e inestable interior y una brillante superficie que lo envuelve. Sostenido fingimiento en la existencia. El «como si» gobierna la narración. La realidad vivida como un escenario. El cuerpo vivenciado de la mujer se esconde en palabras no dichas, en algún rincón olvidado de su inconsciencia, se bloquea en su fluir de energía vital.

¿Qué es el cuerpo? ¿La mujer lo tiene o es que lo es? Somos nosotras en nuestra experiencia de vivir corpóreas. ¿Hasta cuando las mujeres seguiremos maltratándonos pretendiendo acercarnos a un ideal y dejando que se nos maltrate? ¿Qué nos pasa para no reafirmarnos de una vez por todas desde el orgullo de ser, desde el orgullo de ser mujeres reales? ¿Cuándo aprenderemos a cuidarnos a nosotras mismas como si fuésemos lo más valioso para nosotras, lo más valioso que tenemos?

Lo que existe es el cuerpo-sujeto —un cuerpo vivo que siente y piensa en su esperanzado latir instante a instante vivido—. Si se ignoran los propios sentimientos y emociones, disociándose del propio sentir, se frustra la vida que fluye en una misma; nuestra identidad se empobrece.

El cuerpo vivo surge en el sentir. En el pensar y reflexionar, adquiere su propia palabra. El cuerpo existente es el modo de ser en el mundo de los humanos.

Lo que sentimos, lo que pensamos, lo que decimos y hacemos nos va creando como personas existentes; es importante, es vital.

Pretender ser como las demás. Sentir lo que se supone sienten las demás. Ficción enajenante. Cada una de nosotras es única y singular; siente y piensa en y desde sí misma.

Si seguimos actuando movidas por el deseo de ser queridas y deseadas, de agradar, sentiremos que los demás están gobernando nuestra vida y eligiendo por nosotras. Poco a poco, se renuncia a la independencia y a la libertad en el ser. ¿Cómo quieres vivir tu tiempo?

Las mujeres, nos lo creamos o no, somos poderosas y capaces. La poca fe y la no consideración propias disminuyen nuestras fuerzas. Un autoestima pobre se asocia con el desvalimiento en el vivir y pocas expectativas existenciales.

A las mujeres les cuesta ser abiertamente un agente activo. Muchas prefieren ignorar su propio poder femenino en el vivir por serles demasiado temible.

En nuestras sociedades se favorece que la mujer que se ignora a sí misma se vuelque en los sentimientos hacia los demás. Está siempre disponible y abierta a que los afectos descoloquen su interior. Amar demasiado se convierte en un camino transitado por muchas mujeres.

Parece que el amor lo justifica todo, incluso conservar unas relaciones afectivas dañinas o denigrantes. ¿Autoviolencia?

Disociación entre el pensar y el sentir: en la mujer, volcada culturalmente en el sentir, se acentúan el sentimiento y los afectos, que históricamente se le han permitido, y se difumina el pensamiento, puesto que el acceso a este campo le fue entorpecido. La mujer suele darle más importancia a lo que siente que a lo que piensa.

Muchas mujeres siguen renunciando a su inteligencia para no asustar a sus compañeros masculinos. Prefieren simular una cierta estupidez y torpeza, eso sí, divertida y risueña, que mostrarse inteligentes, sobradamente capaces y eficaces, y aburrir, y espantar. Aunque los tiempos van cambiando, los viejos clichés continúan vigentes. ¿Hasta cuándo las mujeres seguiremos actuando como si no importáramos a nosotras mismas, como si no fuésemos personas únicas e irrepetibles en nuestra sexuada piel?

Si se problematiza el cuerpo y su sentir, se problematizará el placer y el dolor. El no sentir y no procurar comprender serán los guías de nuestro recorrido vital. ¿Las mujeres somos cuerpo? Pues claro que sí, de la misma manera que los hombres, ni más ni menos. Somos sujetos sexuados y sexuales en la totalidad del cuerpo-palabra que somos.

Las mujeres NO somos cuerpos para otros. En nuestras sociedades patriarcales a la mujer se la controla con su propio consentimiento inconsciente. ¿Cómo es posible? Sucede cuando la mujer se cree e internaliza significados y «verdades» que construyen un espacio interpretativo donde eso ocurra de forma «natural». Esas «verdades» modelan nuestro cuerpo-palabra existente y nos instruyen para ser sobre todo cuerpos para otros. ¿No ha llegado ya el momento de una revolución conceptual que nos dé aire, que nos dé luz en el latir día a día en nuestra sexuada y hermosa piel, precisamente por ser real?

La sexualidad femenina no es una réplica de la masculina. Las mujeres tenemos una música diferente, nuestro vibrar tiene su propia tonalidad. Es bueno descubrirla. Las mujeres expresamos nuestra sexualidad de muchas y diversas maneras.

Todas las mujeres, seamos como seamos: gordas o delgadas, bajas o altas, feas o guapas, jóvenes o viejas, podemos disfrutar plenamente en nuestro ser mujer, salvo que nos creamos las mentiras que se nos ha contado desde pequeñas. Las fronteras de nuestra prisión están en nosotras mismas y son más eficaces y nocivas que las externas.

El cuerpo sexuado y sexual es real, por mucho que nos disociemos de él. La desvalorización de sí misma sexuada por ser imperfecta en la realidad corpórea es una ponzoñosa sandez. Somos cuerpos sexuados reales, por eso sentimos y pensamos, nos vivenciamos en el mundo.

A las mujeres no se nos ha educado para ser dueñas de nuestra sexualidad sino para ser compañeras y satisfacer a nuestros otros masculinos. El deseo femenino adolece de contentarse con ser objeto de deseo de otros.

Muchas mujeres ni se han preguntado cómo quieren vivir su sexualidad, qué les gusta y qué no, dónde están sus propios límites, qué es lo que las enfada… Las mujeres, nos guste o no este hecho, estamos preprogramadas social y culturalmente a la servidumbre sexual.

La carencia de satisfacción sexual de las mujeres se asocia con la opresión de las mujeres en una sociedad dada. El sexo puede convertirse en una auténtica tortura y crucifixión cuando se distorsiona y se muta en un escenario de dominación, coerción, represión y violencia.

Es tiempo de que nos convirtamos en conscientes en nuestra piel de mujer, de que dejemos las falsedades aprendidas y la mala educación recibida respecto nuestra condición sexual de mujer. De nosotras depende decidir cómo vivir nuestro tiempo. Nadie lo va a hacer por nosotras.

3.   Consciencia en el ser mujer

Además de nacer mujer, una llega a serlo en un medio social dado. Las creencias y las consideraciones vigentes en la sociedad respecto a lo que es ser mujer nos importan, nos implican y nos comprometen en nuestra existencia. Los estereotipos sexuales regularizan nuestro pensar, sentir, desear y actuar.

La diferencia sexual asume muchos significados y es un potente significante, que ordena y organiza la relación entre los dos sexos. Si en nuestra sociedad hay una relación jerárquica entre los sexos, el estereotipo femenino predispondrá a las mujeres a la sumisión y a la servidumbre existencial, a interpretar un papel secundario en la propia narración biográfica.

La misoginia, que empapa lo que nos rodea, invade nuestro cuerpo-palabra existente. La opresión de lo «femenino» y de las mujeres van de la mano.

La feminidad es un sistema conceptual, un conjunto de conductas aprendidas y de interacciones con otros sutilmente codificadas para perpetuar un orden social dado, el estado de las cosas tal como lo conocemos. ¿Quién decide lo que es conducirse de forma socialmente aceptable en el ser mujer? ¿Las mujeres? Quien cobra consciencia relativa de su conducta deja de estar sometido a ella y puede comenzar a conducirse de otra manera, más consciente en el ser.

Todo comportamiento desvela el ser y hace aparecer verdades. Poder hacer que los grupos se comporten de una manera determinada modula y manipula la estructura del orden social, y también la interacción de los sexos.

La realidad que aprehendemos en nuestro proceso de socialización es una de tantas posibles y, sin embargo, la aceptamos como la verdadera y nos integramos en ella sin apenas cuestionar el orden de las cosas. El mundo que experimentamos como verdadero lo construimos todos nosotros mientras ignoramos cómo lo hacemos.

La posibilidad de elegir y la posibilidad de trascender lo dado está en nosotros, solo tenemos que darnos cuenta de nuestro poder de decidir, y construir un orden diferente desde la reflexión y el cuestionamiento.

La consciencia en el ser mujer es la ruptura del automatismo conformista con lo que hay. La mujer consciente se libera de su internalizada ensoñación del «deber ser» y se posiciona lúcida en su existir.

Hace falta coraje y perseverancia para cuestionar los diversos aspectos de la feminidad. Toca desmontar la misoginia internalizada, que nos impide volar alto. Si las mujeres queremos que se nos tome en serio, de igual a igual, debemos empezar a hacerlo nosotras mismas en cada latido vivido.

Llegar a ser una mujer consciente es un proceso. Nos hacemos mujeres comprendiéndonos como tales, pero no con las premisas que sustentan el orden patriarcal.

Los dos sexos tienen un valor equiparable. Ninguno de ellos es inferior respecto al otro. Los valores y las características atribuidos al sexo masculino no deben ser ideales a alcanzar para ambos sexos. Actualmente, las mujeres buscan sus propias características y valores para apreciarse como mujeres desde la dignidad y el respeto.

La comprensión de lo que es ser mujer se empareja con la determinación de ser, es ontológica, pues contribuye a formar al individuo mujer y nos fortalece, nos hace más libres en nuestro vuelo existencial. Nacemos, vivimos y morimos en la significación. Renacemos en la reflexión. El *yo pienso* está en la base de todas mis representaciones. Es necesario un serio trabajo de resignificación.

En las culturas patriarcales, la experiencia femenina adolece de una cierta carencia de palabras. Dificultad de autosignificación. A las mujeres nos faltan vocablos para definir nuestras experiencias y comprenderlas mejor. Confusión. Extrañas en nuestro sí-mismo carnal.

La mujer consciente es ese sujeto para quien el hecho de ser mujer no es indiferente sino significativo en su aventura existencial, pues la moldea en su ser para sentir, pensar, hablar, desear, soñar y actuar en relación con otros. La consciencia es un poderoso resorte para el cambio de nosotras mismas y de lo que nos rodea y afecta. La autoafirmación empieza en el acto de ejercer la consciencia, de darnos cuenta y reflexionar.

Es necesario que el estereotipo femenino emerja de las mujeres, que no sea una pérfida o ciega ensoñación de otros para sostener un orden social dado. Es necesario que las mujeres lo conozcamos, que recurramos a él para vernos y valorarnos, y que lo integremos en nuestra vida, en nuestra experiencia palpitante del día a día.

La autoconsciencia de la mujer como una gran revolución del sentido de la realidad, de *su* realidad. La autoconsciencia femenina posibilita la búsqueda de las palabras no dichas en la experiencia de vida de las mujeres, produciendo nuevas significaciones desde lo femenino y nuevos aprendizajes en la experiencia vivida. Es necesario centrarnos en nosotras mismas y ser honestas en esta relación consigo, no mentirnos ni fingir. Mujeres: personas completas. Llegar a ser lo que potencialmente somos.

Somos el principio y el fin de todo lo que nos sucede, pues se graba en nuestra sexuada piel, pasa a formar parte de nuestra narración biográfica, nos va creando en un continuado cambio existencial. Las mujeres tenemos que aprender a relacionarnos de forma auténtica con nosotras mismas, con los demás y con el mundo que nos incluye. No se trata solo de decir «no» a las tareas impuestas y a los automatismos en el hacer, sino de decir «sí» a una nueva concepción de sí mismas, lo cual es mucho más complejo. ¡Y no olvidarlo nunca más en la cotidianidad de nuestro tiempo vivido!

Las mujeres somos fines en nosotras mismas y no unos medios para conseguir fines para otros. No somos propiedad de nadie, como tampoco los otros lo son de nosotras. Si queremos vivir en una cierta libertad, nos tenemos que habituar a tratarnos bien, con respeto y consideración.

El poder cambiar está en nosotras; la transformación depende de nuestra decisión. Saber lo que realmente queremos, cómo queremos vivir nuestro tiempo y cómo nos encontramos en nuestra sexuada piel y en nuestro mundo. Aprender a ser la mejor amiga de una misma, aquella en la que se confía, aquella que ayuda a sentirse bien, valorada y querida. Es algo que no se nos enseña, sin embargo, ¡qué importante es!

Crear un mundo personal interior y exterior que nos sostenga y nutra en la existencia real es decisivo para posicionarnos con energía y fuerza en nuestra historia abierta de vida. Somos nosotras la persistente fuente de nuestra energía vital.

Cada mujer tiene el derecho de ser ella misma, mas el derecho hay que ponerlo en práctica. Si no, ¿para qué sirve tenerlo? Es importante acostumbrarse a decir «sí» y «no» con autenticidad.

La mujer consciente procura conocerse e ir superando sus propias limitaciones, su miedo a *ser*. Sabe que es *su* tarea y de ningún otro. Su desarrollo personal es su responsabilidad y su tarea; y esa tarea consiste en seguir realizando dicha tarea.

Habrá que encontrar un equilibrio constructivo entre la necesidad humana básica de dependencia y el logro de la autonomía personal y la independencia en el vivir. La consciencia en el ser mujer y el autoconocimiento son buenos aliados para conseguirlo.

La soledad es ese tiempo vivencial del sujeto en el cual no están los otros, que nos distraen y ocupan. Es el tiempo en el cual nos enfrentamos con nosotras mismas sin intermediarios. Es un espacio-tiempo sagrado, un espacio de potencial desarrollo personal y un tesoro para disfrutar de él como le plazca a la mujer. Aprender a disponer de ese espacio-tiempo tan valioso de la mejor forma para fortalecerse como sujeto existente es toda una tarea, tarea que conduce a la felicidad en el *ser*. ¿Qué te gusta hacer cuando estás sola contigo misma? ¿Lo que haces te dibuja una sonrisa en el rostro?

Todas las mujeres tenemos recursos para sentirnos a gusto y todas llevamos en nosotras mismas la capacidad de modificación de sí, la capacidad de renacer en cada aliento desde la esperanza de alcanzar el bienestar o la felicidad en el *ser*. Es necesario distinguir entre los placeres que nos debilitan, consumiendo inútilmente nuestro tiempo, y los que nos construyen como sujetos existentes. La consciencia en el ser mujer se vincula con la libertad en el ser, con la libertad de escoger con lucidez entre varias opciones, y trazar diferentes caminos existenciales, los cuales nos irán creando a cada paso que demos, poco a poco en la continuidad del tiempo vivido.

Nuestra vida parte de nosotras mismas y nos envuelve en su implacable devenir vivencial. Es nuestra creación más importante, más difícil y sublime, que no solo nos afecta a nosotras, sino también a los que nos rodean. Influimos, consciente o inconscientemente, en ellos y en nuestro mundo, que también es de ellos.

No renunciemos con facilidad a nuestro espacio-tiempo. Es importante, es sagrado, y puede transformarse en una eternidad de momentos milagrosos. El tiempo sagrado es el de la consciencia en el ser, el de la certeza de una misma en el instante vivido. Recuperar el sentido de nosotras mismas se entrelaza con recuperar nuestro tiempo.

Tenemos que comprender que los que son indispensables para nosotras mismas somos nosotras mismas; somos las que podemos convertirnos en nuestras incondicionales, en nuestras mejores amigas. Es importante que nos habituemos a contar con nosotras mismas pase lo que pase.

Saber lo que se desea de veras es uno de los problemas más complejos que nos atañan a las mujeres y aclararnos con nosotras mismas es tarea nuestra, de ningún otro. La verdad, nuestra verdad, está en nuestra experiencia vivenciada. A menudo se requiere de un considerable esfuerzo para reconocer que lo que supuestamente te debería hacer feliz como mujer que eres no te satisface en absoluto. Cada una de nosotras es una mujer concreta y real con todo el derecho a buscar su sendero hacia el bienestar y la felicidad.

Las potencialidades que permanecen sin manifestarse en nuestra infinita y rica hondura carnal emergen de su oscuridad, de su olvido, y se actualizan al expresarse, fortaleciéndose y desarrollándose en la repetición. Por eso es tan importante la actividad en sí misma —el proceso—, pues nos modula y crea, y no tanto el logro de metas o fines propuestos. Lo que hacemos es importante porque nos hace a nosotras.

La experiencia de la actividad en el instante vivenciado. Aquí y ahora existencial. Momentos privilegiados de creación. Goce. Reafirmación. Atentas en el presente. Mágica fracción de eternidad. Autoras en nuestra experiencia de vida. Cambiar de actitud. Atreverse a transformar aquello que queremos transformar. Vivir mejor en nuestra piel. Volar más libres.

Con frecuencia, las mujeres conseguimos notables transformaciones introduciendo pequeños y aparentemente insignificantes cambios. Tomar el destino en nuestras propias manos en vez de esperar que otros lo tomen por nosotras y vengan a socorrernos como si no fuésemos sujetos adultos.

El cuerpo vivenciado: fuente de conocimiento para las mujeres. Las palabras brotan en él y rebotan en él como si fuesen notas musicales que le mueven y le conmueven.

El cuerpo es un recordatorio de lo aprendido, tiene memoria que enlaza su viva carnalidad con sus significaciones. La feminidad se aprende, inscribiéndose en el cuerpo sexuado y sexual de la mujer, en su manera de mirar, de percibir, de valorar, interpretar, soñar y comportarse. En nuestro proceso de socialización, hemos internalizado unos límites en el ser mujer, los cuales han impregnado el cuerpo-palabra que somos.

Por encima de todo, las mujeres tenemos que respetarnos a nosotras mismas y aprender a cuidarnos a modo de mejor amiga. Somos nosotras las imprescindibles en este proceso. Asumamos nuestras propias ideas, interpretaciones y valoraciones al respecto de nosotras, de los otros y del mundo que nos rodea e incluye. No entreguemos nuestro alma para ser aceptadas, reconocidas y deseadas por otros.

La vida propia es un asunto personal e intransferible. Es lo más trascendente para una misma. Vamos construyendo nuestra historia, nuestra biografía, instante a instante vividos. Las mujeres somos poderosas, con posibilidades de acción para modificar la realidad. Desaprender lo aprendido y trascender la misoginia internalizada en nuestro proceso de socialización. Persistir en esa titánica tarea. ¡Sí!

Las mujeres conscientes procuran elegir bien entre sus opciones de acción. Las mujeres somos capaces de afrontar los conflictos que puedan surgir por querer ser una misma. Aprender a gestionar de la mejor manera nuestros recursos en el momento presente y no jugar a fracasar confirmando nuestras dudas sobre la propia valía. ¡Coraje!

La que hace algo es la que lo hace, no otra persona. El efecto de la actividad en sí, del proceso, moldea el cuerpo-palabra de la mujer en su narración biográfica. Nada está escrito en nosotras hasta que dejemos que se escriba, hasta que lo escribamos nosotras por acción o por omisión, de manera explícita o implícita. Cada cual es responsable de sus elecciones y acciones. ¡Decidamos conscientes!

Comprender, comprenderse, conocer, conocerse. Gran placer existencial. Vivir a gusto en la propia piel. Ser una misma es un gran placer. La consciencia de ser mujer se entrelaza con la consciencia de una libertad existente.

El miedo y la indecisión son nuestros peores adversarios: Miedo a llegar a *ser*, miedo a no lograrlo, miedo a ser abandonadas, a la soledad, a la invisibilidad, al rechazo de otros, a la violencia, a ser maltratadas o violadas... En nuestro proceso de socialización, las mujeres hemos aprendido a tener miedo. El miedo es un eficaz instrumento para paralizarnos y limitarnos, empobreciendo nuestra acción, imaginación y creatividad. El miedo nos corta las alas, nos quita la libertad.

Ser buenas no es sinónimo de sumisión o enajenación existencial. La mujer consciente no renuncia a sí misma, no está dispuesta a olvidar quién es ella en la infinita y respetable tarea de servir, cuidar y ayudar a otros.

La mujer consciente tiene presente sus deseos y necesidades en cada etapa de la vida y procura acompasar sus dos tendencias: la de ser en sí y la de ser junto a otros. No va a pedir permiso a nadie para ser, va a *ser*. No va a pedir perdón por no cumplir las expectativas de los demás; se atreve a *ser*. Por lo menos lo va a intentar, empeñándose en el proceso de ser ella misma. La mujer consciente se toma en serio.

La mujer consciente es responsable de *sus* acciones y comprende que no es responsable de lo que los demás elijan hacer o no hacer, porque está fuera de su control. Los demás son los demás y son responsables de sus propias elecciones.

Las mujeres, por nuestra educación, solemos evitar los conflictos, pues nos disgustan, nos alteran y atemorizan. Estamos habituadas a ser buenas chicas, amables, conciliadoras, colaboradoras... Sin embargo, en la vida, los conflictos son inevitables y necesarios, nos hacen crecer al enfrentarnos con ellos y superarlos. Lo primario es nuestro propósito de *ser*, nuestro compromiso con nosotras mismas en esa compleja tarea.

Hace falta mucho valor para que una persona viva su propia vida con autenticidad, sin disimular, sin fingir, sin tratar de engañarse. Pero las mujeres somos valientes si la causa lo merece, y desde luego, el propósito de *ser* sí lo merece.

La verdadera autoestima se relaciona con la autonomía en el ser, no con el adecuado cumplimiento de los mandatos de otros. Se genera en nuestro interior mientras actuamos como autoras de nuestras palabras y hechos, mientras nos responsabilizamos de nosotras mismas en el vivir como sujetos carnales y no como objetos irreales de deseos ajenos. La mujer consciente elige ser sujeto de sus deseos y de sus acciones.

Mujer imperfecta en su concreción, descalificada por ser real y carnal. Ideales de belleza inalcanzables. La belleza replanteada según el principio moderno de la omnipotencia sobre uno mismo. Huidizos espejismos de felicidad. Mucho tiempo consumido en alcanzarlos. Mujer prisionera de un sistema que la minusvalora por ser mujer.

La mujer consciente apuesta por el saber, por el poder en sí misma, la autonomía individual, la independencia y la felicidad en el ser. La independencia económica de la mujer es vital para conservar su poder de decisión: Es su billete para la libertad. Por contra, la dependencia económica es una situación de riesgo para una mujer. No debemos perder nuestra independencia, ya que posibilita la libertad en el ser mujer, nuestro vuelo razonablemente libre en la vida.

Es bueno que las mujeres entendamos que la autonomía se vuelve difícil de lograr mientras los productos de nuestro trabajo sean expropiados por otros. Tenemos que valorar nuestro trabajo y reconocer la importancia que tiene.

La mujer consciente intentará emanciparse sin dejar de lado a los otros importantes, ni tampoco a costa de ellos; entiende que no puede fallarles.

Procurará hacerlo con ellos y beneficiarles desde y con su independencia. Se autoafirma sin anular a otros; comparte, cuida, hace crecer. El compromiso ético femenino de solidaridad con los otros. No olvidar nunca que la equivalencia humana es el principio que debería regir nuestras relaciones.

Es hora de que las mujeres nos respetemos profundamente en lo que somos y demandemos que los otros también lo hagan, que nos respeten seamos feas o guapas, bajitas o altas, flacas o gordas, viejas o jóvenes... Seamos como seamos, cada una de nosotras es una irrepetible melodía capaz de crear seres, cosas y mundos, capaz de transformar la realidad.

Nosotras no somos las inadecuadas, es la relación entre los sexos la que lo es: enturbia las interacciones entre las personas de carne y hueso. Habría que tornarla más humana y digna, oponiéndose al continuo bombardeo de sociedades misóginas, de una sociedad de consumo que tiende a convertir a seres humanos en mercancías de compra-venta.

Las mujeres no tenemos por qué sufrir para existir, ni existir para sufrir. Es nuestra tarea construir una concepción realista de la vida, de nosotras mismas, de los otros, del amor, de las relaciones de pareja... Las mujeres tenemos que cambiar de enfoque para transformar aquello que queremos transformar.

¿Qué desean las mujeres? ¿Ser deseables y deseadas por encima de todo, cueste lo que cueste? La mujer consciente desea ser ella misma, desea estar a gusto en su real piel y desea un buen trato por parte de los otros, que la reconozcan en su imperfecta concreción y que la acepten tal como es.

Las protagonistas de nuestra vida somos nosotras. Las mujeres tenemos que recuperar nuestra palabra, decirla, gritarla, susurrarla, repitiéndola todas las veces que haga falta hasta que se nos oiga.

La mujer consciente valora el hecho de ser mujer. Acepta que es sexuada y sexual, y trata de comprender lo que eso significa.

A las mujeres se nos ha educado mal para ser sujetos de nuestra propia sexualidad. La mujer consciente se atreve a revisar sus significados al respecto de la sexualidad y lo hace para ser más feliz en su sexuada piel en relación con otros. Debemos comenzar por nosotras mismas para introducir cambios en nuestro entorno y no fingir más, no vivir como si estuviésemos satisfechas con ser actrices secundarias en nuestras personales historias de sexo y/o amor.

Somos cuerpos existentes, hermosos y únicos en nuestra concreción irrepetible. El autoconocimiento es crucial para manifestarnos como autoras de nuestra propia narración sexual, para autoafirmarnos sexualmente. Somos dignas e imperfectas, un trepidante misterio que se va desvelando suspiro a suspiro en la caricia sentida o en su falta. Es importante que nos conozcamos a nosotras mismas.

Las mujeres somos libres para descubrir nuestra sexualidad. Las peores barreras para ello están en nuestro interior, en nuestra propia mente, contaminada con las falacias internalizadas. Dejar de censurar el cuerpo real que somos. Dejar de relegarlo a la mudez y de condenarlo a la represión continuada en el ser. Alcanzar el tan deseado bienestar. Disfrutar en la sexuada piel y lograr ser feliz sexualmente.

Ser consciente en nuestra propia piel. Aceptar lo que se es. Aceptar la propia corporalidad y no avergonzarse por no parecer perfecta, ni sentirnos culpables por ello. Creer en una misma para llegar a ser. Ir descubriendo nuestro propio camino al placer. Estar a gusto. Y, si queremos, compartirlo con otros.

La consciencia en el ser mujer se entrelaza con la capacidad de atención, con la sensibilidad a una misma, con la concentración en el momento vivido y la franqueza con una misma. Conocerse bien, saber lo que nos gusta y lo que no. Nuestro placer es importante para nosotras mismas. La mujer consciente se responsabiliza de su propio placer, sabe qué le produce placer y lo que no, y si todavía no ha logrado descubrirlo, ya es hora de que lo haga. El vivir consciente se relaciona con el aprendizaje del profundo autocuidado de sí misma como sujeto existente integral.

4. EL SUJETO EXISTENTE INTEGRAL MUJER

Las mujeres actuales hemos comprendido que dependemos de nosotras mismas. La gran revolución actual: nadie, salvo las mujeres, decidirá cómo tenemos que ser las mujeres.

Las mujeres podemos mutar el tiempo en una infinidad de instantes de creación milagrosa. El tiempo que tenemos es nuestro, es sagrado, es trascendente. Recuperar nuestro tiempo se vincula con recuperar el sentido de nosotras mismas como autoras de nuestra narración biográfica.

El sujeto existente integral mujer es vida, es el tiempo vivido mutado en carne biográfica singular; está en casa en su sexuada piel. Es una persona completa, una conciencia hecha cuerpo irrepetible.

Las mujeres no existimos para completar a nadie. Sentirnos orgullosas de ser mujeres. Ser conscientes de nuestro potencial poder en nosotras mismas. Renacer desde nuestro renovado saber. Nuevas significaciones. Tiempo privilegiado, más lúcido y justo. El cuerpo femenino resurge al expresarse como autor de su palabra y se reafirma en su verdad, bondad y belleza particulares.

El poder femenino asusta incluso a las mujeres. Es un inagotable manantial de creación, de amor en el ser. El amor es un sentimiento instalado en nosotras. Descubrámoslo en nosotras mismas. Aceptarlo. Valorarlo. Aprender a beber de sus revivificantes aguas como un instrumento transformador del sí-mismo, de otros y del mundo que nos rodea.

Aprender a amar la vida que somos, a amarnos a nosotras mismas. Así podremos amar mejor a otros y el mundo en el que vivimos, susceptible de ser transformado en cualquier instante. El amor nos devuelve a nuestro ser.

Quizás, decidir vivir con y en amor sea la decisión más importante de nuestra vida; vivir amando la vida, la vida que somos y no dejar de hacerlo ya nunca más en un inamovible compromiso con nosotras mismas. El amor desde la lucidez existente es una inmensa fuente de transformación.

Si creemos que nuestra vida es nuestro asunto más importante, si canalizamos nuestra gran capacidad de amar en amar la vida, es razonable pensar que viviremos mejor y construiremos mejor.

La fuerza del amor en el sí-mismo carnal posibilita la creación de un sujeto existente integral mujer con sus cualidades «femeninas» y «masculinas» entrelazadas; es la unión libre de los principios masculino y femenino en una conciencia hecha carne sexuada y sexual mujer.

Aprendamos a gestionar de la mejor manera la integridad existente que somos. Conocernos mejor a nosotras mismas. El proceso del desarrollo de un sujeto integral es esencialmente un proceso interior. La mujer permite la manifestación de sus potencialidades emocionales, intelectuales y creativas, las cuales se actualizan en su expresión, grabándose en el cuerpo-palabra que es, transformándolo en la experiencia vivida.

De nosotras depende el camino que andemos. Cualquier largo viaje comienza con un solo paso. Las mujeres somos las que decidimos y creamos en una continuidad de pasos. No debemos ser pasivas en nuestra historia ni resignarnos con la realidad que nos haya tocado en suerte. ¡Confía en ti y ten coraje para ser autora en tu vida! ¡Gestiona bien lo que eres!

El sujeto existente integral mujer vive conforme a la verdad, no se miente. Admite quién es y reconoce su dependencia de otros. Procura recobrar su libertad de ser ella misma, de ser ella misma incluso en su dependencia de sus otros importantes.

Poco a poco, los profundos cambios en nosotras mismas desembocarán en un cambio en las relaciones sociales colectivas, en una transformación del mundo con nuevos valores, porque nuestro comportamiento hace aparecer verdades, lo queramos o no. Las mujeres podemos contribuir a que suceda algo hermoso en ese maltratado mundo nuestro y a que las personas vivamos con mayor dignidad y justicia, sin explotar ni ser explotadas.

El amor y la ternura son fuerzas capaces de mover montañas. Son buenas fuentes para enriquecer la propia vida y la de los demás. Quizás, el amor y la ternura sean las fuerzas más revolucionarias que existan para la transformación de conciencias y realidades. ¡Que la emancipación de las mujeres no se vuelva insolidaria!

La mujer existente integral deja fluir ese amor que siente como una inagotable y revivificante fuente de energía interior. No tolera el maltrato, ni explícito ni implícito.

La mujer integral entiende que nadie le puede dar sus derechos si primero no se los da ella misma. Gestiona con prudencia la totalidad de su ser. Resiste, persiste y persevera para llegar a *ser*. Su vida es su asunto más importante, nadie va a vivir por ella. La mujer existente integral está comprometida consigo misma para *ser*, ella sí imagina el ser para sí sin abandonar a otros.

Aprender a cuidarse bien siendo mujer que vive en una sociedad patriarcal. Desaprender la visión del mundo relacional internalizada en nuestro proceso de socialización. Desaprender la manera de comportarnos en relación con otros y las formas de ganarnos su afecto y/o amor. Dejar de ser misóginas con nosotras mismas y con otras mujeres. La mujer existente integral desea que se la respete y se la trate bien en la sociedad en que vive, y sabe que tiene que empezar por hacerlo ella consigo misma y con otras mujeres.

La mujer existente integral no quiere competir con las demás mujeres en belleza o atractivo sexual, quiere ser ella misma y poder vivir en paz; ser visible y valorada tal como es, con sus reales imperfecciones, cicatrices, arrugas, carnes… La mujer existente integral sabe que el cuerpo que es no pertenece a otros. Ella decide, ella dispone de sí misma, ella es la protagonista de su historia.

La autonomía en el vivir pasa por una consciente apropiación del cuerpo que se es, es algo imprescindible.

El saber de las mujeres se asocia con su poder social, aunque no siempre sea así, pues abre las puertas a una independencia personal, social y económica. La profesión se ha convertido en una base importante de la identidad social de una mujer actual.

El trabajo remunerado es decisivo para tener una independencia económica y poder pactar en cierta igualdad con otros, para poder marcharse de su lado cuando es eso lo que se quiere hacer.

La independencia de la mujer se vincula también con una cierta autonomía cultural que trascienda la carga simbólica patriarcal, la cual nos subordina a otros. La mujer existente integral procura apoyar su existencia en estructuras simbólicas mediadoras con la realidad que le ayuden en su desarrollo como sujeto, que le permitan una creación más digna y satisfactoria de su mundo. La transformación de las clasificaciones conduce a un cambio en la estructura relacional entre los sexos en una sociedad. La transformación de las clasificaciones es fundamental para ser visibles las mujeres sin tener que servir a otro sexo o subordinarse a su narración existente.

La fuerza simbólica se ejerce directamente sobre los cuerpos sexuados al margen de cualquier coerción física, moldeando hábitos, constituyendo actitudes, engendrando sueños, configurando creencias… La mujer existente integral es consciente de su peso y se empeña en una laboriosa tarea de una cierta resignificación de las palabras internalizadas en nuestro proceso de socialización, que la inclinan a servir a otros para ser.

La feminidad es un sistema de significados, de conductas aprendidas y de maneras de interaccionar con otros, que tejen una red relacional concordante con las premisas de partida vigentes en la sociedad. Esas conductas prueban su propia verdad. Una vez más, es la teoría la que connota lo que ocurre y lo que se puede percibir como acontecido y comprendido. La realidad inventada es aceptada como verdadera si se cree en su «verdad».

Es muy difícil desprenderse de los fantasmas que nos habitan, es incluso más difícil que transformar una conducta o un hábito. Supone esfuerzo, decisión consciente, perseverancia, atención, compromiso consigo misma para conseguirlo…

Se requiere mucho valor para seguir su propio camino pese a los impedimentos y los golpes de la vida, pese a los que les pese, contra viento y marea… La mujer existente integral entiende que no se pueden cambiar las cosas sin un auténtico compromiso consigo misma y sin una dedicación continuada en el tiempo en esa tarea.

La existencia te trae alegrías y penas. Evitar en toda ocasión el dolor o el conflicto, que acompañan al hecho de vivir, condena a más dolor y conflicto con una misma.

Las mujeres tenemos que atrevernos a *ser*, ser nosotras mismas sin pretender ser deseadas siempre, adoptando papeles que conlleven una precaria gestión de las potencialidades que traemos a este mundo y que nos subordinen a otros de forma constante. Las expresiones de nuestro *ser* esperan nacer en algún momento milagroso de nuestro transitar por la vida.

Pocas cosas son irremediables y merece la pena implicarse en la realización de una misma. Es hora de decidir y de actuar para *ser*. Nadie lo va a hacer por nosotras. Nuestra vida es nuestra creación, nuestro asunto más importante.

Jugar a «todos ganan». Elegir bien las relaciones que queramos vivir. Nuestras acciones, experiencias y vivencias nos moldean en su continuado acontecer, pasan a formar parte de lo que somos. Nuestras elecciones van trazando nuestro caminar vital, nos van esculpiendo al grabarse en el sí-mismo carnal, se hacen el cuerpo que somos y nos van habituando a experimentar el mundo de una manera y no de otra, también posible. Atentas al decidir. Aprender a decirse «sí» y «no». Sentirnos orgullosas de nosotras mismas en nuestra propia piel. Es asunto nuestro gestionar bien lo que somos.

Quien supera un obstáculo a menudo sale fortalecido; se considera más eficaz, se valora y se estima más.

El sujeto existente integral mujer se autorresponsabiliza de sí mismo, se hace cargo del desarrollo propio, se cree responsable de sus acciones y decisiones. La mujer integral piensa que la tarea de la transformación de su vida es vivificante, es apasionante, es sagrada… El miedo no la aprisiona. Y cuando toca enfadarse y enfrentarse con alguien, no lo evita, se defiende. La creación se convierte en un hábito en su vivir.

El sujeto existente integral mujer decide ser su propia amiga fiel. Es soberana de su vida, dueña de su decir. Un nuevo sentido en el *ser* se instala en el cuerpo-palabra que es: llegar a *ser* ella misma.

El sujeto existente integral mujer se compromete consigo mismo. No quiere engañarse y perseguir quimeras enajenantes. Quiere comprender, comprenderse, busca nuevas verdades. En la tarea de la transformación de sí misma encuentra sorpresas y descubre nuevos placeres en el existir a gusto en su sexuada piel, pese a quien pese. Ella es la soberana de su reino. La mujer integral descubre que el gran placer existencial es comprender y vivir a gusto, con sentido.

Para conseguir resistir en la tarea de llegar a *ser*, recurramos a nuestro refugio en nosotras mismas y al bienestar que podamos sentir en nuestro propio mundo; las mujeres lo hemos hecho a lo largo de los siglos. Preservemos ese paradisíaco lugar en el cual disfrutamos profundamente y curamos las heridas cotidianas. Aprendamos a beber a diario de ese curativo elixir.

Todo lo que logremos en nuestro interior incidirá en la realidad exterior, contribuirá a transformarla poco a poco, incorporando ese «algo más» interior, y su efecto se convertirá en una fuerza activa capaz de influir en otros entornos. Todo cambio que logremos en nosotras mismas es una generosa ofrenda a nuestro entorno, a la sociedad, al mundo entero.

La transformación es un proceso que no tiene fin mientras haya vida en nosotras. Cada «algo más» se sigue por otros. Lo importante no es la meta de llegada sino el proceso, la actividad como tal. El «éxito» de la tarea de llegar a *ser* es seguir haciendo la tarea.

El goce más sagrado es el de disfrutar con lo que estás haciendo en el momento presente, ahora, hoy. Estás creando, estás dejando huella con tus acciones u omisiones; ¡eres importante! Darle valor. Concentrarse en lo que una hace aquí y ahora, y no dejar de asombrarse para aprehender el mundo en su inmensa riqueza. Tú decides.

Recuperar el sentido de una misma se relaciona con recuperar el tiempo para sí misma. Al sujeto existente integral mujer no le es suficiente vivir a través de la vida de otros. Quiere encontrar formas más satisfactorias de relacionarse con otros, un nuevo camino de amor y colaboración en equidad existencial.

El viaje hacia la totalidad supone querer *ser*, amar, cuidar, crear, trabajar, opinar… El sujeto existente integral mujer es activa y receptiva, es autónoma e íntima, ama la vida, es serena en sí misma al tiempo que no renuncia a desempeñar un papel en la sociedad, en la cultura, economía y política.

La libertad en el *ser* se entrelaza con el hábito de razonar en nuestra existencia de día a día. Al razonar creamos, formulamos verdades que ordenarán nuestros pensamientos, nuestras sensaciones, sentimientos, deseos y acciones. Esas verdades marcarán el nacimiento de posibles encuentros y desencuentros con otros. El tiempo vivido se vuelve un verbo carnal existente, una biografía que se va escribiendo latido a latido.

Los seres humanos llevamos dentro mucho amor, amor que conecta y acerca, amor que se nos entregó incluso antes de nacer… Albert Camus decía que solo el amor nos devuelve a nuestro ser. Mirar a nosotras mismas y el mundo con los ojos impregnados de amor. Trascender nuestro tiempo creando, reinventando el mundo con amor.

El sujeto existente integral mujer valora su condición real, su condición carnal, el cuerpo-palabra sexuado y sexual que es, con una identidad sexual, con una sexualidad repleta de vivencias, con su erótica personal y su *amatoria*. Es hora de enorgullecernos de *ser* sexuadas y sexuales. Es menester revisar nuestras ideas sobre lo que significa ser una mujer, sobre nuestra sexualidad y nuestra manera de encontrarnos y de relacionarnos con otros; es menester cuestionar las verdades aprendidas en nuestro proceso de socialización. Y como sostiene Shere Hite, las mujeres no queremos ser «libres» para adoptar el modelo masculino de sexualidad; queremos ser libres para descubrir la nuestra propia.

La mujer integral, sexuada y sexual, lo es sea joven, madura o vieja; sea delgada, rellenita o gorda; sea baja o alta; sea guapa o fea… Eso no importa para que disfrute en su piel, en su existencia día a día. Las mujeres actuales están revolucionando los conceptos respecto al sexo y trazan nuevos caminos en la intimidad relacional con otros, interacciones entre sujetos sexuales equivalentes, protagonistas de sus respectivas historias vividas, y decididos a dar y a recibir un buen trato recíproco. No en vano la sexualidad es un agente clave en la equidad de los sexos. El sujeto existente integral mujer no olvida que es ella la creadora de su íntimo susurrar a otros.

Bibliografía

Abbott, Edwin A.: *Planilandia*, Palma de Mallorca, José J. Olañeta, 1999.

Adler, Alfred: *Conocimiento del hombre*, Madrid, Colección Austral, 1984.

Agacinski, Sylviane: *Política de sexos*, Madrid, Taurus, 1998.

Alborch, Carmen: *Malas*, Madrid, Aguilar, 2002.

— *Solas*, Madrid, Temas de hoy, 2000.

Andreas-Salomé, Lou: *El erotismo*, Palma de Mallorca José J. de Olañeta, 2003.

Amezúa, Efigenio: «El sexo: historia de una idea», Revista Española de Sexología 115-116, Madrid, (2003).

Amorós, Celia (editora): *Diez palabras clave sobre mujer*, Estella, Verbo Divino, 1995.

Arnaiz Kompanietz, Anna: *La condición sexual humana y la construcción de la realidad*, Madrid, Biblioteca Nueva, 2010.

— *El sujeto existente*, Madrid, Biblioteca Nueva, 2010.

— *El sujeto existente en relación con otros*, Madrid, Biblioteca Nueva, 2011.

Badinter, Elisabeth: *¿Existe el amor maternal?*, Barcelona, Paidós Pomaire, 1981.

— *XY. La identidad masculina*, Madrid, Alianza Editorial, 1993.

Bosch, Esperanza y Ferrer, Victoria A.: *La voz de las invisibles*, Madrid, Cátedra, 2002.

Bolen, Jean Shinoda: *Las diosas de cada mujer*, Barcelona, Kairós, 1998.

Bourdieu, Pierre: *La dominación masculina*, Barcelona, Anagrama, 2000.

— *Cosas dichas*, Barcelona, Gedisa, 1996.

— *Meditaciones pascalianas*, Barcelona, Anagrama, 1999.

Branden, Nathaniel: *La autoestima de la mujer*, Barcelona, Paidós Autoayuda, 1999.

Bruckner, Pascal: *La tentación de la inocencia*, Barcelona, Anagrama, 1999.

Bruckner, Pascal y Finkielkraut, Alain: *El nuevo desorden amoroso*, Barcelona, Anagrama, 1989.

Buzzatti, Gabriella y Salvo, Anna: *El cuerpo-palabra de las mujeres*, Madrid, Cátedra, 2001.

Camus, Albert: *El revés y el derecho. Discurso de Suecia*, Madrid, Alianza Editorial, 2010.

Capellá, Alfredo: *Sexualidades humanas, amor y locura*, Barcelona, Herder, 1997.

De Beauvoir, Simone: *El segundo sexo, vol. 1, Los hechos y los mitos*, Buenos Aires, Siglo Veinte, 1987.

— *El segundo sexo, vol. 2, La experiencia vivida*, Buenos Aires, Siglo Veinte, 1987.

De Béjar, Sylvia: *Tu sexo es tuyo*, Barcelona, Plaza & Janés, 2001.

Dolto, Françoise: *Lo femenino*, Barcelona, Paidós, 2000.

Ehrhardt, Ute: *Las chicas buenas van al cielo y las malas a todas partes*, Barcelona, Debolsillo, 2003.

— *...Y son cada vez peores*, Barcelona, Debolsillo, 2003.

Eichenbaum, E. L. y Orbach, S.: *¿Qué quieren las mujeres?*, Madrid, Talasa, 1995.

Estés, Clarissa Pinkola: *Mujeres que corren con los lobos*, Madrid, Ediciones B, 2002.

Fernández, Juan et al: *Varones y mujeres*, Madrid, Pirámide, 1996.

Fisher, Helen: *El primer sexo*, Madrid, Taurus, 1999.

Fraisse, Geneviève: *La diferencia de los sexos*, Buenos Aires, Manantial, 1996.

— *Musa de la razón*, Madrid, Cátedra, 1991.

Friday, Nancy: *Mi jardín secreto*, Barcelona, Ediciones B, 1993.

— *Sexo: varón*, Barcelona, Argos Vergara, 1981.

Friedan, Betty: *La mística de la feminidad*, Madrid, Cátedra, 2009.

Galende, Emiliano: *Sexo y amor*, Buenos Aires, Paidós, 2001.

Giddens, Anthony: *La transformación de la intimidad*, Madrid, Cátedra, 1998.

Gilbert, Sandra M. y Gubar, Susan: *La loca del desván*, Madrid, Cátedra, 1998.

Gil Calvo, Enrique: *La mujer cuarteada*, Barcelona, Anagrama, 1991.

— *Medias miradas*, Barcelona, Anagrama, 2000.

— *El nuevo sexo débil*, Madrid, Temas de hoy, 1997.

Greer, Germaine: *La mujer completa*, Barcelona, Kairós, 2000.

— *La carrera de obstáculos*, Madrid, Bercimuel, 2005.

Héritier, Françoise: *Masculino/Femenino*, Barcelona, Ariel, 1996.

Hite, Shere: *El nuevo informe Hite. Mujeres y amor*, Madrid, Suma de Letras, 2002.

— *El orgasmo femenino*, Barcelona, Ediciones B, 2002.

— *El informe Hite. Estudio de la sexualidad femenina*, Madrid, Suma de Letras, 2002.

Irigaray, Luce: *Ese sexo que no es uno*, Madrid, Akal, 2009.

Kaplan, Louise: *Perversiones femeninas*, Buenos Aires, Paidos, 1994.

Laffitte, María: *La secreta guerra de los sexos*, Madrid, Horas y horas, 2008.

Lagarde y de los Ríos, Marcela: *Para mis socias de la vida*, Madrid, Horas y horas, 2005.

— *Claves feministas para la autoestima de las mujeres*, Madrid, Horas y horas, 2000.

Laqueur, Thomas: *La construcción del sexo*, Madrid, Cátedra, 1994.

Leroy, Margaret: *El placer femenino*, Barcelona, Paidós, 1996.

Levinas, Emmanuel: *El Tiempo y el Otro*, Barcelona, Paidós, 2004.

— *Ética e infinito*, Madrid, Antonio Machado Libros, 2008.

Lipovetsky, Gilles: *La tercera mujer*, Barcelona, Anagrama, 1999.

Marlow, Mary Elizabeth: *El despertar de la mujer consciente*, Madrid, Gaia, 1998.

Masters, William H., Johnson, Virginia E., Kolodny, Robert C.: *Eros*, Barcelona, Grijalbo, 1996.

Michelet, Jules: *La Bruja*, Madrid, Akal, 2006.

Mill, John Stuart: *La esclavitud femenina*, Madrid, Artemisa, 2008.

Millett, Kate: *Política sexual*, Madrid, Cátedra, 1995.

Morris, Desmond: *Masculino y Femenino*, Barcelona, Plaza & Janés, 2000.

Muraro, Luisa: *El orden simbólico de la madre*, Madrid, Horas y horas, 1994.

— *El Dios de las mujeres*, Madrid, Horas y horas, 2006.

Murdock, Maureen: *Ser Mujer: un viaje heroico*, Madrid, Gaia, 1991.

Nin, Anaïs: *Ser Mujer*, Madrid, Debate, 1979.

Norwood, Robin: *Las mujeres que aman demasiado*, Buenos Aires, Javier Vergara Editor, 2003.

Offit, Avodah K.: *El yo sexual*, Barcelona, Grijalbo, 1979.

Osho: *El libro de la mujer*, Madrid, Debate, 1999.

Paglia, Camille: *Vamps & Tramps*, Madrid, Valdemar, 2001.

— *Sexual personae*, Madrid, Valdemar, 2006.

Pinker, Susan: *La paradoja sexual*, Barcelona, Paidós, 2009.

Poirié, François y Levinas, Emmanuel: *Ensayo y conversaciones*, Madrid, Arena Libros, 2009.

Politzer, Patricia y Weinstein, Eugenia: *Mujeres: la sexualidad oculta*, Barcelona, Grijalbo, 2005.

Rivera Garretas, María Milagros: *Textos y espacios de mujeres*, Barcelona, Icaria, 1990.

Rivière, Margarita: *El mundo según las mujeres*, Madrid, Aguilar, 2000.

— *El placer de ser mujer*, Madrid, Síntesis, 2995.

Sanz, Fina: *Psicoerotismo femenino y masculino*, Barcelona, Kairós, 1999.

Sartre, Jean-Paul: *Bosquejo de una teoría de las emociones*, Madrid, Alianza, 1980.

— *Verdad y existencia*, Barcelona, Paidós Ibérica, 1996.

Schaup, Susanne: *Sofía*, Barcelona, Kairós, 1999.

Sherfey, Mary Jane: *Naturaleza y evolución de la sexualidad femenina*, Barcelona, Barral, 1977.

Simmel, Georg: *Cultura femenina y otros ensayos*, Barcelona, Alba, 1999.

Tubert, Silvia: *La sexualidad femenina y su construcción imaginaria*, Madrid, El Arquero, 1988.

Van Lysebeth, André: *Tantra, el culto de lo femenino*, Barcelona, Urano, 1990.

Ventura, Lourdes: *La tiranía de la belleza*, Barcelona, Plaza & Janés, 2000.

Violi, Patrizia: *El infinito singular*, Madrid, Cátedra, 1991.

Watzlawick, Paul y otros: *La realidad inventada*, Barcelona, Gedisa, 2010.

Watzlawick, Paul: *La coleta del barón de Münchhausen*, Barcelona, Herder, 1992.

Woolf, Virginia: *Un cuarto propio*, Madrid, Horas y horas, 2003.

Young-Eisendrath, Polly: *La mujer y el deseo*, Barcelona, Kairós, 2000.

Zambrano, María: *Los sueños y el tiempo*, Madrid, Siruela, 1992.

Zweig, Connie (editora): *Ser mujer*, Barcelona, Kairós, 1992.

VV. AA.: *De qué hablamos las mujeres cuando hablamos de sexo*, Barcelona, Debolsillo, 2003.

— *La cultura patas arriba*, Madrid, Horas y horas, 2006.